Wilhelm Heinrich Heerwagen

Die Lage der Bauern zur Zeit des Bauernkrieges in den Taubergegenden

Wilhelm Heinrich Heerwagen

Die Lage der Bauern zur Zeit des Bauernkrieges in den Taubergegenden

ISBN/EAN: 9783743405127

Hergestellt in Europa, USA, Kanada, Australien, Japan

Cover: Foto ©ninafisch / pixelio.de

Manufactured and distributed by brebook publishing software
(www.brebook.com)

Wilhelm Heinrich Heerwagen

Die Lage der Bauern zur Zeit des Bauernkrieges in den Taubergegenden

Die Lage der Bauern zur Zeit des Bauernkrieges in den Taubergegenden.

Inaugural-Dissertation

der philosophischen Fakultät

der

Ruprecht-Karls-Universität zu Heidelberg

vorgelegt von

Heinrich Heerwagen

aus Wunsiedel.

Nürnberg 1899.
Druck von J. L. Stich.

Inhalt.

	Seite
Allgemeines	1—20
Zur Einleitung	1
Gedruckte Quellen und Literatur	5
Die Territorien an der Tauber	9
Die Territorien nach einzelnen Orten	10
I. Teil: Die Dorfverfassung	21—53
Abschnitt 1: Die Dorfgemeinde	21
„ 2: Weistum und Dorf-Ordnung	24
„ 3: Die Gemeindeversammlung	29
„ 4: Die Dorfämter	32
„ 5: Die gemeine Mark	43
II. Teil: Das Abhängigkeitsverhältnis	54—89
Abschnitt 1: Allgemeine Entwicklung	54
„ 2: Die Bevölkerungsklassen	56
„ 3: Bäuerliche Lasten	65
„ 4: Die herrschaftlichen Beamten	82
III. Teil: Das Gerichtswesen	90—109
Abschnitt 1: Uebersicht der Gerichtsverfassung	90
„ 2: Die einzelnen Gerichte	92
„ 3: Die Schöffen	96
„ 4: Der Prozess	98
„ 5: Sachkompetenz	102
IV. Teil: Wirtschaftliche und soziale Faktoren	110—117
Schlussgedanken	117

Zur Einleitung.

Der deutsche Bauernkrieg, lange genug ein ziemlich nebenab gelegenes Gebiet historischer Forschung, ist in der letzten Zeit mehr und mehr in den Vordergrund geschichtlicher Studien getreten. Man hat aufs fleissigste begonnen, die Vorgeschichte der Erhebung uns zu gestalten, nachzuweisen, wie lange vor 1525 da und dort Funken zu glimmen begonnen, die bald zu ungestümen Lohen sich entflammen sollten. Man ging den mannigfachen Ursachen nach, den politischen, rechtlichen und wirtschaftlichen Impulsen, die Zündstoffen gleich das stillere Feuer weiter entfachten, der elementaren Gewalt eine grössere Einheitlichkeit der Bewegung und, wie man nicht läugnen kann, auch eine gewisse Grossartigkeit verliehen haben.

Freilich, eine Einheitlichkeit der Aktionen liess sich nicht nachweisen; ein geistiges Band, das fester oder lockerer die einzelnen Auftritte des historischen Schauspiels verband, ist nicht zu verkennen, aber doch reiht sich Szene an Szene, ohne dass sich eine auf die andere notwendig beziehen müsste. Wir kommen nicht über die lose Aneinanderreihung einer Anzahl lokaler Bewegungen hinaus, die auch wiederum lokal blutig endeten, da und dort auch alsbald im Keim erstickten. Es fehlte eine energischere Persönlichkeit, ein politischer Kopf und geschickter militärischer Führer, der der ganzen Bewegung ein einheitliches organisches Leben gegeben hätte. Das geschah nicht, und die einzig dastehende, im Anfang so hochgemute Unternehmung fand ein schmähliches Ende.

Die Thatsache, dass der Bauernkrieg des Jahres 1525, der Höhepunkt der Entwicklung, nicht eine einheitliche Aktion mit gleichem Ursprung, gleichmäßigem Verlauf und einem absolut das Ganze niederzwingenden Ende — Schlacht von Königshofen —

hinzunehmen ist, verbunden mit der Betrachtung der buntgefleckten Karte Deutschlands im Reformationszeitalter, verlangt mit zwingender Gewalt Einzeluntersuchungen der rechtlichen und wirtschaftlichen Lage des Bauernstandes von damals in einzelnen Gegenden. Je kleiner der Umfang des gewählten Gebietes, mit desto grösserer Sicherheit kann verfahren werden, desto eher entgeht man dem in der Geschichte, und in der Rechts- wie Wirtschaftsgeschichte insbesondere, schwerwiegenden Fehler des Generalisierens. Sollten auch alle Lande, grosse mit stärker entwickelter Territorialmacht, kleine und kleinste, in denen öffentliche und private, landes- und grundherrliche Rechte zwanglos ineinander fliessen konnten, sollten sie alle ganz und gar die gleiche Entwicklung gehabt haben? Es ist das zweifellos und unbedingt zu verneinen.

So sei denn hier als Boden eigener Studien der der Taubergegenden erwählt. Es mögen diese Wahl zwei Gedanken des trefflichen W. H. v. Riehl rechtfertigen, den im Jahre 1865 der Weg des Kulturhistorikers durchs wald- und rebenumsäumte Tauberthal führte: „Ein Gang durchs Tauberthal ist ein Gang durch die deutsche Geschichte, ist heute noch ein Gang durchs alte Reich", und ein anderer: „Für den Bauernkrieg ist das Tauberthal ein klassischer Boden, wie kaum ein anderer. Anfang, Mitte und Ende liegt hier beisammen." — Unter Taubergegenden verstehe ich das ganze Flussgebiet der Tauber, nicht bloß das Thal oder den „Taubergrund", wie die landläufige Bezeichnung heisst, sondern auch die Seitenthäler, ihre Zuflüsse und die Orte auf dem Gebirge zur Rechten und Linken. Als Nordgrenze ist der Main nächst Wertheim gedacht. Freilich liess sich das in der Arbeit nicht immer peinlich festhalten, und da und dort sprach die Thatsache, dass Würzburger und Wertheimer Land, ersteres ja zu seinem wesentlichen und beeinflussenden Teile nördlich sich ausdehnt, gegen eine allzu ängstliche Berücksichtigung solcher Grenzen.

Es sei noch verstattet, auf eine Reihe von Punkten hinzuweisen, die von einem Bearbeiter des vorhandenen Stoffes zu würdigen sind. Ich denke an die Schwierigkeiten, die sich einer Darstellung der ländlichen Verhältnisse um 1525 besonders entgegenstellen, und deren Berührung ich nicht übergehen zu dürfen meine. Vor allem ist das 16. Jahrhundert, wie die vorigen Jahrhunderte und noch die folgenden zwei, eine Zeit ohne Statistik. Jene neue Wissenschaft, deren blanke Zahlen für unsere Zeiten ein, wenn auch da und dort nicht absolut beweisendes, doch höchst willkommenes Material stellen, ist in jenen Tagen ein ungekanntes Ding. Wir müssen uns vieles selbst mühsam zusammensuchen, da und dort manches zusammenreimen, um mit dem Bekenntnis unsere Rechnung zu schliessen, dass viele Posten darin stehen, die Vermutungen und Schlüsse eingesetzt. Da sind vielleicht z. B. irgendwo Grundlasten verzeichnet, aber nichts ist uns mitgetheilt über die Grösse und Ertragsfähigkeit der dienenden Grundstücke, und doch käme es auf dies Verhältnis so ganz besonders an! Es kommt ein weiterer Übelstand dazu: Nicht alle Aufzeichnungen und Urkunden, die uns zu Gebote stehen, weisen uns gerade auf das Jahr 1525. Vielleicht können wir selbst bei Städten für diesen Zeitraum auch nicht eine einzige spärliche Notiz gewinnen.

In jener Zeit tiefgreifender Veränderungen in der Weltlage und in den Weltansichten ging auch der bedeutende Umschwung aller materiellen Verhältnisse vor sich durch das Emporkommen der Geldwirtschaft und den Sieg des römischen Rechtes, zweier ganz bedeutender Faktoren für das bäuerliche Leben. Ein Einblick in ihre Wirkung für kleinste Kreise entzieht sich oft durch Mangel lokalen Materials. Bauernkrieg und 30jähriger Krieg haben uns viele Dokumente zerstört. Kirchenbücher, die auch nur zum 30jährigen Kriege hinabreichen, gehören zu den Seltenheiten. Das erhaltene handschriftliche Material aber ist unendlich zerstreut in Gemeinderegistraturen, Pfarrarchiven, auch in kleinsten Weilern verborgen, vieles in entferntere Archive gewandert. — Die erhaltenen gleichzeitigen Darstellungen, die sich eingehender mit den Verhältnissen der Bauern befassen, so dankenswert sie sind, lassen es in diesen Dingen doch an einer ausgesprochenen Objektivität fehlen. Den Forderungen der Bauern stellen sich Predigten der Pfarrer gegen Unmäßigkeit und Aufwand und einseitige Ansprüche der Grund- und Landesherren verständnislos gegenüber. Man blieb dabei: „Der Bauer ist an Ochsen statt — nur dass er keine Hörner hat." So ist einer modernen Darstellung öfters die nicht immer leichte Aufgabe gestellt, in diesem Hin und Wider der Meinungen die rechte Mitte zu suchen und das sine ira et studio nicht hintanzusetzen. Die Gerechtigkeit gebietet, nicht Anschauungen unserer Zeit in eine, die fast 400 Jahre hinter uns liegt, hineinzutragen.

Nun darf aber eine Darstellung ländlicher Verhältnisse des 16. Jahrhunderts vielleicht um so mehr sich rechtfertigen, als die unserer Zeit ohne ein Studium jener kaum richtig verstanden werden können, als ferner erst im Anfange des Jahrhunderts und vor 50 Jahren vollends die bitteren Fragen und Anklagen des Bauernstandes Verständnis und billiges Gehör gefunden haben Wenn irgendwo, so lohnt sich hier die geschichtliche Betrachtung. einer jahrhundertelangen Entwicklung.

Gedruckte Quellen und Litteratur über unser Gebiet.

Weistümer, gesammelt von Jakob Grimm. Göttingen 1840 ff.

Oberrheinische Stadtrechte, herausgegeben von R. Schröder: Band I, die fränkischen Stadtrechte enthaltend.

M. Lorenz Fries, Die Geschichte des Bauernkrieges in Ostfranken. Herausgegeben im Auftrage des historischen Vereins von Unterfranken und Aschaffenburg von Dr. A. Schäffler und Dr. Th. Henner in Würzburg. Wirzburg 1883.

Dr. Ludwig Rockinger, Magister Lorenz Fries zum fränkisch-wirzburgischen Rechts- und Gerichtswesen. Abhandlungen der historischen Classe der kgl. bayerischen Akademie der Wissenschaften XI, 1. München 1870.

Martin Cronthal, Die Stadt Würzburg im Bauernkriege. Herausgegeben von Dr. Mich. Wieland. Würzburg 1887.

Barack, Hans Böhm und die Wallfahrt nach Niklashausen. Archiv des historischen Vereins zu Unterfranken. Würzburg 1858, XIV. Band.

Dr. Joseph Aschbach, Geschichte der Grafen von Wertheim. Frankfurt a. M. 1843. 2 Bände.

J. Berberich, Geschichte der Stadt Tauberbischofsheim und des Amtsbezirkes Tauberbischofsheim. 1895.

M. Wieland, Röttingen. Ein Beitrag zur Geschichte dieser fränkischen Landstadt. Würzburg 1858. 8.

Wirtembergisch Franken. Zeitschrift des historischen Vereins für das wirtembergische Franken. [W. F.]

Württembergische Oberamts-Beschreibungen: Beschreibung des Oberamtes Mergentheim. Herausgegeben von dem kgl. statistisch-topographischen Bureau. Stuttgart (Kohlhammer) 1880. [O. A. B.]

Dr. A. L. Reyscher, Sammlung altwürttembergischer Statutar-Rechte. Tübingen 1834.

Ottmar Schönhuth, Mergentheim. Chronik und Beschreibung 1843, späterhin als Chronik der vormaligen Deutschordensstadt Mergentheim. Daselbst 1850. 1857.

Ottmar Schönhuth, Creglingen und seine Umgebungen 1846.

Quellen zur Geschichte des Bauernkrieges aus Rothenburg an der Tauber. Herausgegeben von Dr. Franz Ludwig Baumann 1878:
1) Thomas Zweifel, Stadtschreiber.
2) Aus der Rothenburger Chronik des Michael Eisenhart.

Dr. Heinrich Wilhelm Bensen, Historische Untersuchungen über die ehemalige Reichsstadt Rothenburg oder die Geschichte einer deutschen Gemeinde aus urkundlichen Quellen bearbeitet. Nürnberg 1837.

J. D. W. von Winterbach, Geschichte der Stadt Rothenburg o. T. Rothenburg 1826—27.

Dr. G. Wilhelm Bensen, Kurze Beschreibung und Geschichte der Stadt Rothenburg o. T. Erlangen 1856.
W. H. v. Riehl, Ein Gang durchs Tauberthal. Allgemeine Zeitung 1865.

Was nicht speziell unsere Gegend berührt, findet sich an Ort und Stelle zitiert. Obengenannte Bücher enthalten zum grössten Teil eine Ueberfülle von urkundlichen oder aus Urkunden herausgearbeiteten Materials. Zu dessen Ergänzung unternahm Verfasser eine grössere Fusswanderung in der Thal- und Berglandschaft an der Tauber, um in gemeindlichen und Pfarrarchiven Gedrucktes mit den Originalen zu vergleichen und Ungedrucktes heranzuziehen. Ueber manches geschichtlich Gewordene in den Verhältnissen des Landes suchte er sich ausserdem namentlich bei älteren Leuten in der Gegend Belehrung, was hoffentlich der Arbeit einigermaßen zugute gekommen ist. Von einem Besuche des ˙fürstlich' Löwenstein-Wertheimschen Archives zu Wertheim konnte wohl abgesehen werden, da dasselbe noch nicht vollständig geordnet ist, und zudem eine sichere Hand ihm dort eigentlich schon zuvorgekommen ist (R. Schröder: Zu Grimm's Weistümern die betreffenden Bände, Oberrh. St. R. I. Bd.), so dass sehr in Frage stand, ob entgegenstehende Schwierigkeiten durch etwaige Sonderfunde würden aufgewogen werden. Dagegen bedauert Verfasser sehr, das gerühmte Archiv des erzbischöflichen Ordinariats in Würzburg nicht mehr haben benutzen zu können. Doch war ihm anderseits das städtische Archiv in Rothenburg o. T. dank dem Entgegenkommen des Herrn rechtskundigen Bürgermeisters Mann daselbst, zu Gebote, und die treffliche Registrierung des handschriftlichen Bestandes half wenigstens auf die erste Spur. Dank schulde ich auch den Herren Pfarrern und Gemeindebeamten, die mir dies und jenes Hemmnis beseitigt. Wer je jemals unternommen hat, auch auf dem Lande handschriftlichen Schätzen der Vergangenheit nachzusuchen, der wird die Hindernisse alle zu würdigen wissen, die sich auch dem energischsten Forschen in den Weg stellen. — Wieviel für uns wertvolle Handschriften mögen schon lange vor unserer Zeit unwiederbringlich verloren gegangen sein! Schon im Bauernkrieg hat da der Bauer nach Möglichkeit tabula rasa gemacht und die verhasste Rechte enthaltenden Dokumente mit grimmiger Freude zerstört. Das lag ja schliesslich auch in seinem Interesse. Fries berichtet von den Bauern in Schwartzach, die nicht bloß Thüren, Fenster und Möbel in Trümmer schlugen, sondern ganz besonders auch „bucher, register und beth zerrissen". (S. 314.) Scheffel erzählt in seinen „Reisebildern" (1887 S. 27) in humoristischer Weise, wie man es im Schwarzwald trieb: „Im Bauernkrieg gabs einmal Gelegenheit, das St. Blasische Archiv gründlich zu bereinigen; ein heller Haufen aus dem Hauensteinschen ‚verruinierte' damals die Bibliothek und Zubehör so durchgreifend, dass, wie der gelehrte Abt Herbert klagt (Historia nigrae silvae II, p. 318), man damals bis an die Kniee in zerrissenen Urkunden waten konnte." Das verstand man allerorten nur zu gut. Begreiflicherweise ist aber auch bei den heutigen Bauern nur sehr ausnahmsweise ein Interesse für die „alten Papiere" vorhanden, und wer den Aktenstücken nachspüren will, welche durch Veranlassung der Badischen historischen Kommission verzeichnet wurden, muss auch gewärtig sein, sie unter anderen nass und schmutzig gewordenen Papieren auf einem Speicher stundenlang vergeblich suchen zu müssen.

Im folgenden gebe ich die Zusammenstellung des umfangreichen handschriftlichen Materials mit Einschluss des vergeblich Gesuchten in chronologischer Ordnung:

1454—1497. Weistum (Dorfordnung) von Pulfringen, erhalten vom Grafen Johann III. von Wertheim, Berberich 377. Wohl identisch mit dem Weistum von „Bülfrigheim" von 1406 bei Grimm.

1501. Das Gemeinbüchlein des (damaligen) Weilers Hachtel. In einem Sammelband der Ortsregistratur. Abgedruckt nebst einem „Vrteilbrieff" von da W. F. 4, 105.

1503. Acta von dem Dorffs Recht samt der Vogtey zu Finsterlohr. (Rothenburger Archiv.)

1508. Oeffnung und Erklärung. — Gerechtigkeiten des Dorfes Uissigheim. Erneuert 1608. Muss neuerdings verloren gegangen sein.

1514. „Gerichtsbuch" mit Dorfordnung von Schweigern 1521, unter Jörg von Rosenberg erneut. Auszüge bei Berberich 386. Ueble Schrift, oft überhaupt nicht mehr lesbar, in einem Band mit Anderem zusammengebunden. In meinen Exzerpten habe ich, wie auch sonst, den Originaltext samt Orthographie beibehalten. (Gemeinderegistratur in Schweigern.)

1516. Acta von dem Dorff Detwang: „gemain recht" (Rothenburger Archiv).

1517. Gemein Ordnung von Bettwar. (Ebenda.)

1545. Gemeinrecht zu Hilgartshausen. In Rothenburg und Hilgartshausen nicht zu finden. Bensen, H. U. S. 381: inhaltlich wiedergegeben.

1564. 1889. Dorfordnungen von Angelthürn. Bei Berberich 271 nur genannt. Mitt. d. bad. hist. Komm.: „Ein noch 1880 vorhandenes Dorfbuch mit D. O. von 1672 ist nicht mehr aufzufinden." Keines der Schriftstücke war an Ort und Stelle vorhanden.

1578. Gemeindebuch von Wenkheim, gegeben von den Herren v. Hundt. Beschreibung und Auszug bei Berberich 399. Nunmehr, seit etwa 4 Jahren, als im Karlsruher Landesarchiv befindlich angegeben. (Mitt. in Wenkheim.)

1578. Ordnung alter Gebräuche, Herkommen und Gerechtigkeiten der Gemeinde zu Ebertsbronn. Original weder in Ebertsbronn noch in Wermutshausen. Auszüge in W. F. 7, 133.

1583. Gerichts- und Dorfbuch von Eiersheim, angelegt durch Peter Erstenberger, Keller zu Külsheim. Trotz aller Mühe nicht zu finden gewesen.

1600 ff. Akten „Gemeinde Uessigheim, Gemeinde - Vermögen." Waidsachen: Schäfereirecht 1600—1877 — Vertzaichnis deß Closter Brumbachs beschwerden. (Gemeinderegistratur Uessigheim.)

1745. Protocollum circa Recuperationem seu Restitutionem Monasterii Gerlachsheimensis Praemonstratensis F. Christophoro Hönniger pro tempore priore Cellae Dei Superioris Ord. Praem. Anno 1745. Manuskriptenband im Pfarr-Archiv zu Gerlachsheim. p. 69: „Die Gerechtigkeiten des Closters Gerlachsheimb."

Dieses prächtig geschriebenen Bandes gedenkt Berberich S. 303. Durch Güte des hochw. Herrn Dekans stand mir das Buch dort zur Verfügung.

1766, 6. Febr. Gemein Ordnung Vor daß Weiler Schön. Welches . . . . . Zu Jedermanns Nachachtsame infolgende Ordnung gebracht worden ist.

Schön, ein Weiler ober Archshofen im heutigen O.-A. Mergentheim. — In Händen des Anwalts von Schön und bisher undedruckt. — Zur Rechtfertigung der Benutzung mag angeführt werden, dass eine solche Dorfordnung — wie leicht nachgewiesen werden könnte — in so späten Jahren nicht erst neugeschaffen, sondern lediglich revidiert zu werden pflegte und bei einer Aufzeichnung nach Art des Stoffes Jahrhunderte alte „Herkommen" zur Sprache kamen.

Nachträglich wurden noch benutzt:

Dorf-Ordnung zu Wachbach 1504: W. F. 1852, S. 91;
Dorf-Ordnung von Pfitzingen 1554 ebenda 1853;
Dorf-Ordnung von Edelfingen 1601 ebenda 1856 S. 89;
Designation für das Ortsgericht zu Wachbach (1632?), Württ. Staatsarch., in O. A. B. 585 ff.

Die Territorien an der Tauber.

Unser Gebiet ist so recht geeignet, die vielgestaltige Zusammensetzung des hl. römischen Reiches deutscher Nation in jener bewegten Zeit in nuce darzustellen. Vom Ursprung bis zur Mündung eines kleinen Flusses liegen zusammengedrängt nicht weniger denn sieben Staatengebilde, staatsrechtlich sehr verschieden, aber verbunden durch das Thal der Tauber, dem eine der ältesten Heer- und Handelsstrassen folgte, überdies ein alter Kulturweg. Ein wenn auch damals nicht schwerwiegender Vereinigungspunkt lag darin, dass die ganze Taubergegend dem fränkischen Kreise zugeteilt war; wichtiger war, dass „frankenlandes Rcht vnd gewonheit" (Vergl. Urk. bei Wieland, Röttingen, 88) unsere Gegend überall beherrschte.

Es gibt zwei recht gute historische K a r t e n unseres Gebietes, freilich beide für den Anfang dieses Jahrhunderts und daher nur da und dort für unseren Zweck dienstbar zu machen:

1. Die Herrschaftsgebiete des jetzigen Königreiches Württemberg nach dem Stande von 1801. Bearbeitet nach der Angabe des Oberstudienrathes v. S t ä l i n durch Hauptmann B a c h. Herausgegeben von dem Kgl. statistisch-topographischen Bureau. (In vier Blättern. 8 fl.) (Vgl. Anzeige und Rezension: W. F. 7, 154 ff.)

2. Lauf der Tauber in Franken von ihrem Ursprung bis zu ihrem Einfluss in den Mayn von C. F. H a m m e r. Nürnberg bei Homanns Erben. Mit den neuen Souveränetätsgrenzen 1812.
(Vgl. H. Bauer in W. Fr. 7, 194 Anm.)

Gehen wir von der Quelle flussabwärts, so ergeben sich folgende Gebietsteile für das Jahr 1525:

1. Das Fürstentum A n s b a c h am Tauberursprung.

2. Das nicht unbeträchtliche Gebiet der freien Reichsstadt R o t h e n b u r g mit seinen 163 Dörfern und 40 Burgen..

Dieses Territorium, eingeschlossen von der 1430 begonnenen Türme und Werke in sich begreifenden Befestigung der „L a n dw e h r ", war in zwei Bezirke eingeteilt, deren Grenze so ziemlich der Tauber folgte. Von diesen sogenannten L a n d v o g t e y e n

führte die links der Tauber gelegene grössere den Namen „im Zwerchmaier", die kleinere rechts hiess „im Gau". Die übrigen Rothenburger Enklaven ausserhalb der Landwehr können hier mit Ausnahme der von Oberstetten unberücksichtigt bleiben.
3. Ein kleines Stück Landes wiederum in Ansbachischen Händen. In ihm Creglingen, seit 1448 fürstlicher Oberamtssitz.
4. Würzburger Gebiet mit dem Amtsstädtchen Röttingen.
5. Die Grafschaft Hohenlohe mit Weikersheim als Residenz.
6. Ein geistliches Gebiet: Das Deutschordensland, in dem Mergentheim 1525 infolge der Zerstörung von Horneck a. N. durch die Bauern zur Residenz des Deutschmeisters wird.
7. Das Würzburgische Amt Lauda.
8. Teile des weltlichen Gebietes des Erzstiftes Mainz mit Külsheim und Königshofen.
9. An der Mündung der Tauber und über den Main hinaus die Grafschaft Wertheim.

In der Grafschaft Wertheim war aus einem gräflichen Beamtengeschlecht im Taubergau ein landesherrliches mit erblichem Besitz des alten Amtsbezirkes geworden. Durch die Exemptionen und im Anschlusse an Allodialbesitz war unter anderen uralten Geschlechtern im mittleren Teile des Gaues das der Hohenlohe ebenfalls zu einem Territorialherrn erstarkt, während die Rechte der Grafen von Rothenburg auf ähnliche Weise allmählich der privilegierten Stadt zuwuchsen. — Der Deutschorden hatte sich mit Anfang des 13. Jahrhunderts seine landesherrliche Stellung an der mittleren Tauber gesichert. — Würzburg hatte schon in frühester Zeit in unserer Gegend festen Fuss gefasst (Uettingshof 807), war in ewiger Fehde mit dem Deutschorden begriffen um die Mitte des 15. Jahrhunderts nahe daran gewesen, wieder alles an diesen zu verlieren. wäre nicht Gregor von Heimburg, damals in Diensten der Stadt Nürnberg, dazwischen getreten. Dem Würzburger Bischofe war auch das Land an der Tauber in kirchlicher Beziehung zum grössten Teile unterstellt. (Nur im W. Mainz.)

Die Territorien nach einzelnen Orten.

Nachstehende Verzeichnisse machen den Versuch, für das Jahr 1525 die Territorialrechte in den einzelnen Orten in Verbindung mit den gutsherrlichen darzustellen, indem nach Möglichkeit zugleich die landesherrlichen Lehensleute angegeben sind. Dieser bescheidene Ansatz zur Lösung einer nicht ganz einfachen Aufgabe macht natürlich keinerlei Anspruch auf Vollständigkeit der Orte oder der Verzeichnung aller kleinsten Rechte, doch ist nach sorgfältigster Vergleichung aller zu Gebote stehenden Angaben das Möglichste geschehen. Vieles wird sich für alle Zeiten nicht mit absoluter Sicherheit behaupten lassen. Hat selbst die Stälinsche Karte für die Taubergegend im Anfange des 19. Jahrhunderts manche Mängel, so ist die folgende Aufstellung für ein Jahr des 16. Jahrhunderts ein noch weit problematischeres Ding.

I. Wertheim.

B r o n n b a c h. Cisterzienserkloster. Die Grafen von W. besitzen die Hoheitsrechte, Blutbann, Geleit, Schatzung, Oeffnung, ferner Frohn, Lager Dienst und Atzung. — Reichholzheim und Dörlesberg gehören dem Kloster auf wertheimischen Gebiet. Unterthanen in Nassig. (S. d.)

B u c h a m A h o r n. Vogteirechte von den Grafen v. W. derer von Rosenberg.

D a i n b a c h. Lehen in Händen der Fuchs von Kannenberg.

D i e f f e n t h a l. Gemeinde Hundheim. Weistümer von 1449. bei Grimm III, 564.

D ö r l e s b e r g im Besitze des Klosters Bronnbach.

E i c h e l.

E u b i g h e i m. Lehen in den Händen der Zobel v. Giebelstadt.

G r ü n e n w ö r t.

H a i d h o f.

H a r t h e i m. Lehen in Händen der Ritter v. Hartheim.

H ö h e f e l d mit Gericht.

K e m b a c h: Die von Thann.

K ö n i g h e i m: Eigene Leute der Grafen v. W. Lehen in den Händen der Kettel von Kerzigheim. - Weistümer 1422.

N a s s i g: laici censiti et coloni ac mansionarii et subditi monasterii Brunbacensis (Bronnbach) in villa Nassach 1457. (Urkunde Wertheim: Krieger Bad. Top. Wrtrbch. 151.)

N i k l a s h a u s e n. Weistümer 1407—1444. — Begütert hier die von Stettenberg. Das „Lehen zu N." in Händen der v. Heidingsfeld. „Geistlicher Richter" ist der Bischof von Würzburg.

O b e r u d o r f. Lehen: von Aschhausen.

Pülfringen. Weistümer 1406. — Neben den Grafen von W. das Kloster Amorbach, das im Besitze des Zehnten und anderer bedeutender Gefälle ist und deshalb hier auch einen eigenen Schultheiss hat.

Reicholzheim: zum Kloster Bronnbach.
Rüdenthal. Lehen: Ritter von Hartheim.
Sachsenflur. Sützel v. Mergentheim (wenigstens teilweise).
Schwarzenbrunn.
Sonderriet. Weistümer 1424.
Steinfurt. Lehen: Ritter von Hartheim.
Uessigheim. Rechte des Klosters Bronnbach, insbesondere das des Schaftriebs.
Vockenroth. Lehen: der Klinckhart v. Vockenrode. — Gericht zu V. 1845. (Aschbach II, 300.)
Waldenhausen. Weistümer 1415. (Grimm VI, 30.)
Wertheim. Weistümer 1384. (Grimm VI, 20.)

II. Mainzisch.

Assmannstadt: Kurm. Lehen, eine Hälfte der von Rosenberg, andre der Abtei Amorbach. Letztere hatte auch den Pfarrzehnten und die Präsentation der Pfarrei.
Ballenberg.
Beckstein: Frhrn. Horneck von Hornstein.
Berolsheim.
Beuntwar.
Boxberg: die von Rosenberg.
Brunn.
Dienstadt: Hospital zu Tauberbischofsheim.
Dietwar.
Distelhausen. Die Johanniterkommende in Mergentheim hat den Zehnten.
Dörzbach: Frühmesse: Joh.-Kommende in Mergentheim.
Gerchsheim: 1648 erkauft Simon v. Adelsheim den Zehnten von Gerchsheim aus der Hand einer Anna von Rüdigheim.
Gommersdorf: Kloster Schönthal.
Grünsfeldhausen.
Hochhausen.
Ilmespeunt.
Impfingen: von Hundt.

Klepsau: Mehrere Herren hier begütert. Zehnt und Pfarrsatz steht der Joh.-Kommende in Mergentheim zu.
Königshofen (viel später erst Würzburgisch geworden!).
Krautheim. Der Pfarrsatz steht der Joh.-Kommende in Mergentheim zu.
Krensheim: Grafen von Rieneck. Mainz zehntberechtigt.
Kupprichhausen.
Küttelsbrunn.
Külsheim.
Lengenrieden.
Meysenbach.
Neunstetten: von Berlichingen.
Oberalbach: von Zobel-Giebelstadt-Messelhausen.
Poppenhausen.
Schillingstadt: von Dhure (Dhuru).
Schwabhausen: von Rosenberg.
Steinbach: die Stieber (Stiebar). Bei Zweifel allerdings unter den 1525 zerstörten „Margkrevisch schlossern" aufgeführt. (Jetzt Hof zwischen Dittwar und Distelhausen.)
Tauberbischofsheim: Beträchtliche Gerichtsbarkeiten des Hospitals daselbst, das auch Gulten, Zehnten, Zinsen in weitem Umkreis besitzt.
Unterbalbach: Herr Rüdiger Suzel (Sützel v. Mergentheim).
Vilchband: von Hundt.
Wenkheim: Hundt von Wenkheim.
Werbach.
Werbachhausen: Hundt von Wenkheim.
Wölchingen: von Rosenberg.

III. Stift Würzburgische Rechte

(Insbesondere nach „Ritterliche Anlag" b. Cronthal, ed. Wieland p. 121.)

in:

Althausen.
Apfelbach: Besitzungen der Klause zu Neunkirchen.
Bernsfelden.
Blumweiler (Rothenburgisch). Würzburg zehntberechtigt.
Creglingen (Ansbachisch).
Dittigheim (Didickheim): Landgrafen von Leuchtenberg.
52 Untersassen.

Dunzendorf: von Finsterlohe. Zur Vogtei Laudenbach.

Ebertsbronn (Hohenlohe): Zehnt hat Würzburg und damit die von Rosenberg belehnt.

Edelfingen. S. auch unter Deutschorden. (IV.)

Finsterlohr: neben Rothenburg.

Frauenthal: Das Cisterzienserkloster (Nonnenkloster) daselbst ging indes schon 1448 an Brandenburg-Ansbach über. 1525 wurde es von den Bauern verbrannt.

Gerlachsheim (aber Diözese Mainz!). Die Vogtei und verschiedene andere Rechte stehen indes dem Prämonstratenser-Nonnenkloster daselbst zu.

Grünsfeld (auch Diözese Mainz!), bischöflich würzburgisches Amt. Lehensleute: die Grafen von Leuchtenberg. 150 Untersassen.

Grünsfeldhausen: Landgrafen von Leuchtenberg. 18 Untersassen.

Igersheim: neben dem D. O.

Impfingen (Umbfingen): Landgrafen von Leuchtenberg. 75 Untersassen.

Krensheim (Chremsen): Landgrafen von Leuchtenberg. 16 Untersassen.

Kützbrunn: gehört ganz dem Kl. Gerlachsheim.

Lauda: Würzburg. Amtssitz.

Laudenbach: W. Vogtei: Lehensmann Philipp von Finsterlohe. Schon 1522 hat Ph. von Finsterlohe das ganze Schloss und Dorf Laudenbach samt den Zehenten daselbst.

Markelsheim: neben dem D. O.

Mergentheim: neben dem D. O.

Messelhausen: von Zobel.

Münster bei Creglingen: neben Hohenlohe und Stift Möckmühls Rechten. Im Jahre 1520 trug Zeisolph von Rosenberg, ansbachscher Amtmann zu Crailsheim, das halbe Dorf Möckmühl dem Stifte Würzburg zum Lehen auf.

Neubronn: neben Hohenlohe-Finsterlohe und Zobel von Giebelstadt. Gefälle des Klosters Schäftersheim und der Weikersheimer Schlosspfründe.

Neunkirchen: ein Teil würzburgisch. Ferner Güter des Klosters Heidingsfeld. Ein halbes Dorf gehört den Sützel von Mergentheim, die ferner auch ein halb Zehnt, Kirchensatz, Gericht,

Vogtei, Widdum, etliche Güter und Gilten besitzen (1491). Ein Weinberg gehört dem Predigerorden in Mergentheim.

Neusess: neben dem D. O. auch (1494) Stift Neumünstersche Huben daselbst.

Oberbalbach: Frau Dorothea von Thungen, 8 „halbmenner".

Oberlauda: von Riedern.

Oberschüpf (Schüpf, Sitz eines Würzburger Amtes): von Rosenberg erst 1534.

Oberwittighausen: Landgrafen von Leuchtenberg, 16 Untersassen.

Queckbronn: das Stift Neumünster hatte den Zehnten von vier Häusern. Daneben Hohenlohe, von Berlichingen, Kloster Schäftersheim, der Heilige in Weikersheim.

Rinderfeld: von Rosenberg. Daneben Hohenlohe.

Röttingen: dem Fürstbischof stehen zu: Geleit, Gulden und Wegzoll, Fischwasser und Schäferei, ein Drittel des Zehnten und eine jährliche Bede von 100 Goldgulden. Daneben Röttinger Spital. Im übrigen die Stadtgemeinde.

Schepf: Jörg von Rosenberg. 9 Untersassen.

Schweigern: zu ein halb Jörg von Rosenberg, 66 Untersassen (in der Folge von Pfalzgraf Ludwig erworben).

Tauberberg (abgegangen): „Den Zehnt bezogen am unteren Berg der Heilige zu Elpersheim, am mittleren Würzburg (Neumünster), am oberen Teil der Deutschorden." Hohenlohe hat mehrere Lehen.

Tauberbischofsheim (mainzisch) würzburgisches Lehen: Barbara von der Kehr, 1 Hintersasse.

Unterschüpf: Schüpf, Sitz eines Würzburger Amtes: Jörg von Rosenberg, 9 Untersassen.

Unterwittighausen: Landgrafen von Leuchtenberg, 49 Untersassen.

Vilchband (Filchband): dieselben, 15 Untersassen.

Vorbachzimmern. Zu einhalb mit Zehnt: v. Finsterlohe. Andere Hälfte mit Gericht, Vogtei, Gilten, etc., hohenlohisch, gleichfalls in Finsterlohe'schen Händen. Haus v. Finsterlohe führt bereits 1524 in V. die Reformation ein. — Daneben Rechte des Kl. Tückelhausen (B. A. Ochsenfurt), Gefälle des Kl. Schäftersheim und nach Haltbergstetten.

Weikersheim. Neben Hohenlohe.

Wermuthshausen: v. Rosenberg. Daneben Ansbachische Gefälle.

Windischbuch: Jörg v. Rosenberg, 25 Untersassen.

Zimmern.

IV. Deutschorden.

Adolzhausen (Hohenl.): Bestallung des Pfarrers.

Althausen: Sützel v. Mergentheim (Patronat und Kirchenlehen), Kloster Heidingsfeld bei Würzburg.

Apfelbach } s. u. Neuhaus.
Bernsfelden }

Crainthal (Ansb.): D. O. hat 1 Unterthan.

Deubach: Ein Teil des Weinzehnten (1511), einhalb Zehnt zu „Typach" der Sützel v. Mergentheim.

Dörtel: Daneben Kl. Heidingsfeld. „Läutseile" an den Meßner von Wachbach.

Edelfingen. Condominat D. O.-Adelsheim. Daneben die v. Dittenheim.

Hachtel: D. O. nehen den v. Adelsheim, welche die meisten Güter und den Zehnt der ganzen Gemarkung besitzen. Begütert ferner das Kl. Heidingsfeld b. Würzburg.

Harthausen. (S. a. u. Neuhaus): Deutschh. u. die Klause zu Nennkirchen. 1530: Franz Rüd v. Bödigheim zu Wachbach verkauft etliche Leibeigene in Harthausen an den D. O. um 3 fl.

Honsbronn: s. u. Wachbach.

Igersheim (vgl. auch III.) s. u. Neuhaus.

Lillstadt: Neben D. O. Besitzungen des Klosters Heidingsfeld.

Löffelstelzen.

Lustbronn.

Markelsheim (vgl. auch III.) s. u. Neuhaus.

Mergentheim 1525 Residenz des Deutschmeisters. Neben dem D. O. treten als Grundherren auf:

Die Ritter Sützel von Mergentheim.

Das reiche Hospital zu Mergentheim. — Als die Bauern 1525 die Stadt plünderten, führten sie den im Spitalkeller vorgefundenen Wein in Fässern zu 21—22 Eimern auf zwei Wägen hinweg. So gross waren die Vorräte nach einem Bestand des Spitals von 200 Jahren! (Schönhut, Merg., S. 33.)

Güter, Zinsen und Gefälle hatte ferner die Klause zu Neunkirchen und Rothenburg mehrere Leibeigene hier. S. a. III.

Neuhaus bei Igersheim. Burg (1525 zerstört) und Amt des D. O., letzteres die Orte Apfelbach, Bernsfelden. Harthausen, Igersheim, Neusess und Althausen (dieser Ort nur „schutzverwandt") umfassend.

Neunkirchen: Vor 1534 besitzt die Klause zu Neunkirchen Güter, Zinsen und Gefälle im Werte von 2250 fl. in 15 Orten (darunter Harthausen, Mergentheim und Neunkirchen selbst). S. a. III.

Neusess: Neben den D. O. hier Stift Neumünstersche Huben.

Rengershausen: v. Seldeneck. Güter und Einkünfte des Klosters Heidingsfeld.

Roth s. u. Wachbach. Hier auch Kloster Heidingsfeld begütert.

Schönbühl s. u. Wachbach.

Stuppach: Den Zehnten hat Hans v. Bachenstein (ab 1494). „Lautseile" sind in ganzen Garben an Wachbach zu liefern (1501).

Tauberberg. S. u. III (Würzburg).

Uettingshof, zum Dorf Althausen. Teilweise schon in Händen des Mergentheimer Hospitals. Doch bleiben dem D. O. Vogtei, Gericht und Erbgerechtigkeit bis 1537.

Wachbach. 1525 sind Ganerben:
1) D. O. (seit 1414).
2) Die von Adelsheim (schon vor 1439).
3) Die Rüd von Bödigheim (1522—1539).

D. O. hat für seinen Teil und die von Dörtel, Hachtel, Honsbronn, Lillstadt, Lustbronn, Roth, Schönbühl und Stuppach eigenen Schultheiss und Gericht.

Hohe Gerichtsbarkeit: Neuhaus, Cent: Markelsheim.

V. Hohenlohe.

(Vgl. insbes. W. F. 7, 131 ff.)

Adolzhausen. Gefälle der Schlosspfründe in Weikersheim. Bestallung des Pfarrers durch den Deutschorden.

Ebertsbronn. Den Zehnten hingegen hat Würzburg und die von Rosenberg damit belehnt.

Elpersheim.

Haagen: von Finsterlohe.

Herbsthausen. Grosse hohenlohische Schäferei. Herrsch. Fruchtkasten. Gefälle der Pfründe Mariae Magdalenae in castro Weikersheim und solche des Hospitals in Mergentheim.

Herrenzimmern: v. Ussigheim. S. a. Pfitzingen.

Münster zu ½ Hohenlohe, ½ Würzburg. Daneben Rechte des Stiftes Möckmühl.

Nassau. Einen Anteil am Hof im Lochgarten mit Zubehör hat bis 1528 Kloster Schäftersheim.

Neubronn. Daneben Würzburg (s. u. III), Gefälle des Klosters Schäftersheim und der Weikersheimer Schlosspfründe.

Niederrimbach. Condominat mit Ansbach. Der Hohenlohesche Anteil mit Gütern und Gilten ist verliehen an die Truchsesse von Baldersheim.

Pfitzingen. Sitz eines Hohenloheschen Aemtlein mit Herrenzimmern und Rüsselhausen.

Queckbronn. Ausser Hohenlohesche Gefälle der von Berlichingen, des Klosters Schäftersheim, des Heiligen in Weikersheim. Der Zehnt von 4 Häusern an das Stift Neumünster.

Rinderfeld. Neben Würzburg (von Rosenberg).

Rüsselhausen. S. a. u. Pfitzingen.

Schäftersheim. Hier das weithin begüterte Kloster.

Tauberberg S. u. III. Mehrere Lehen.

Vobachzimmern. Zu ½. (Hans v. Finsterlohe. S. u. III.)

Weikersheim. Die Hohenlohesche Residenz.

VI. Ansbach.

Archshofen (Lochinger und Rothenburg). 5 Herdstellen. — Ansbach soll nach dem Bauernkrieg die Kriminalgerichtsbarkeit an Rothenburg abgetreten haben. (Nürnberger Kreisarchiv — O. A. B. 463.)

Brauneck. Lehen in Händen der von Ehenheim.

Crainthal. Ansbachisch seit 1488, ausserdem hat Rothenburg 4, D. O. 1 und Johanniter 1 Unterthanen.

Creglingen, seit 1448 ein Oberamtssitz.

Frauenthal. Schon 1448 ging das Cisterzienser-Nonnenkloster (verbrannt durch die Bauern 1525) an Ansbach über.

Freudenbach.

Niederrimbach. Daneben Hohenlohe (S. V.)

Reinsbronn.

Schön. Lehensgut vom 16. Jahrhundert an in Händen der Lochinger zu Archshofen.

Standorf.

Tauberzell. Die Tauberzeller zahlen als sogenannte Mundleute 15 fl. an das Amt Creglingen. Die Vogtei steht dem Stift Herrieden zu.

Waldmannshofen: Ansbacher Lehensleute:
1. Die Truchsesse von Baldersheim.
2. Die v. Rosenberg.

Wermutshausen: Gefälle. (Im übrigen s. III.)

Wildentierbach: Fraisch durch Vertrag mit Rothenburg 1525.

VII. Rothenburg.

Archshofen (Rothenburg, Lochinger und Ansbach). Rothenburg setzt seit 1463 einen Schultheiss hieher. Die Kriminalgerichtsbarkeit kommt nach 1525 von Ansbach an Rothenburg.

Bettwar.

Blumweiler. Zehent an Würzburg.

Brettheim.

Buch.

Dettwang: Johanniter (Gericht).

Diebach s. Herrendiebach.

Finsterlohr. S. a. III.

Gebsattel.

Hausen.

Herrendiebach: Gülten des Rothenburger Spitals.

Herrenwinden.

Hilgartshausen: Das Rothenburger Spital hat hier zwar nur wenige Güter, doch hält der Spitalmeister hier eigenes Gericht.

Lichtel: Sitz des gleichnamigen Rothenburger Ämtleins.

Mergentheim: Rothenburg hat hier Leibeigene.

Oberstetten: Cent Rothenburgisch.

Rothenburg: Grundherrliche Rechte übten hier aus:
1. „gemaine statt."
2. Das Spital zum heiligen Geist, im Besitz von Lehengütern und Gülthöfen, Zehnten, Gülten und Gefälle, insbesondere durch Stiftungen des 14. und 15. Jahrhunderts. (Im einz. vgl. Winterbach II 267—271, 225; Bensen H. U. 539 ff.)

3. Die **Deutschherrn** zu Rothenburg, deren Güter erst 1670 an Rothenburg fallen. Vertrag mit der Stadtgemeinde zur Fixirung beiderseitiger Ansprüche anno 1398. (Vgl. Winterbach II 259, 282.)

4. Die **Johanniterkomturei** zu Rothenburg, im Volksmund der Zeit das „Hennserhaws." (Vgl. Baumann-Zweifel 164. 400.)

5. Das besonders reiche **Dominikaner-Frauen-Kloster** zu Rothenburg. (Vgl. Winterbach II 272—74, 229; Schönhuth, Creglingen, 75, 77; Bensen H. U. 526 ff.) Besondere Rechte in Schmerbach bei Creglingen und in Wildentierbach (s. d.).

6. Das **Franziskaner-** oder **Barfüsser-Kloster** mit Zehnten und Gülten. (Winterbach II 274, 276; Bensen H. U. 536 ff.)

7. Die **St. Jakobs-Pfarrkirche**. (Vgl. Baumann-Zweifel 150.)

8. „alle anderen gottshewser" (St. Wolfgang, St. Johann, St. Leonhard).

9. „**Vogteien und Ämter.**"

Schmerbach: Die Rothenburger Dominikanerinnen haben den Zehnten.

Tauberscheckenbach.

Tierbach, siehe Wildentierbach.

Wildentierbach:

Hintersassen, Güter, Holzungen, Zinsen und Gülten stehen den Dominikanerinnen zu Rothenburg zu. (Zur Geschichte der Erwerbungen vgl. Schönhuth, Creglingen, S. 75, und besonders Bensen H. U. 526 ff.)

Fruisch im Rothenburg-Ansbacher Vertrag von 1525 dem Markgrafen zugestanden.

Erster Teil.

Die Dorfverfassung.

1. Abschnitt.
Die Dorfgemeinde.

In den ältesten Zeiten der Hundertschaftsverfassung kann keine Rede sein von Gemeinden als Rechtssubjekten. Dörfer und Höfe, beide Arten der Niederlassungen, sind urgermanisch und auch in der Taubergegend von je nebeneinander gewesen. Noch aber ist eine sichere feste Centrale, ein einziger Brenn- und Mittelpunkt alles rechtlichen und wirtschaftlichen Lebens in der alles beherrschenden Beamtenstellung des Grafen und in der Hundertschaftsversammlung gegeben. Aber als die intensiver gewordene Bodenkultur diesem primitiven Kommunismus nicht mehr sich anpassen konnte, da ein erster Ansatz zum Sondereigentum am Boden sich gestalten musste, in dieser Zeit der Herausbildung von Dorfmarkungen ist die Geburtsstunde des Dorfes als Subjekt von Rechten zu setzen. Die Dörfer, die mehr oder weniger künstlich auf Grossgrundbesitz oder als Tochterdörfer innerhalb der Marken entstanden sind, waren doch Ausnahmen von einer Regel. Jene Eigenschaft des selbständigen Auftretens ist auch nicht verloren gegangen, unter allen und unter den härtesten Umständen hat das Dorf sich dieses Rechtes nicht begeben. (Vgl. a. II. Teil, Abschnitt 1.)

Die Dorfschaft ist im Besitz von gewissen **Körperschafts- und Repräsentationsrechten**. In einem Weistum von Königheim (II, § 1) ist der Gemeinde das Recht verliehen: „ir eigen banner und ir eigen insigel" zu führen. So erhält auch Igersheim 1537 ein „eigen Gerichtssigill und Wappen", in dessen erstem Feld freilich das Deutschordenskreuz auf das Unterthanenverhältnis zum D. O. anspielt.

Auch zur Erlangung wie zur Durchführung ihrer Forderungen tritt die Gemeinde als geschlossene Körperschaft auf. Neben gemeinen Wegen und Brunnen zeigt sich ein selbständiges Gemeindeeigentum besonders in den bei den Dorfvorstehern verwahrten G e m e i n d e - G e r ä t e n.

Vgl. Gembchln. von Hachtel: „Wann einer das g e m e i n m e ß (Frucht-, Simramaß) hold, soll er dem b ü r g e r m e y s t e r ein p f a n d lassen, vnd so ers vbernacht im hauß beheld, ist buß 15 hl." — Schön 12: „Wer die Gemein Metzen Wie auch den Gemeinschlägel (zum Zerschlagen von Steinen) oder H a m e r übernacht Behält ist die Buß Von einem Jeden 7½×". — Auch Pfitzingen untersagt bei Buße das Übernachtbehalten von „Maaß oder Gemeinschlägel".

Während die Städte nicht wenige ursprünglich königliche, dann landesherrliche Gefälle au sich brachten und nun für den Stadthaushalt erhoben (viele Beispiele unter andern Oberrh. StRe., bei Berberich für Tauberbischofsheim, etc.) ist das den Dörfern nur vereinzelt gelungen. Ausnahmsweise bei Schweigern mit Umgeld und Nachsteuerrecht: 38. „Zum andernn jst das Vnngeld Im Dorff Schweigerrn laut brieff Vnnd Sigel einer gemaind. Zum dritten jst alle nachstewr wie jnn dißem gerichtsbuch .... einer gemaind".

Die Gemeindeaufgaben in finanzieller Beziehung mochten auch in der damaligen Zeit nicht sehr bedeutend gewesen sein. Vieles vollführte opferwilliger Beistand der Gegenwart, manches der Dorfherr, mehr noch diese und jene treffliche Stiftung einer sorgsamen Vorzeit. Für bestimmte Personen im Dienste der Gemeinde gab es fixirte Naturalbeiträge, die diesen direkt zuflossen, so die Hirtenpfründe und die Läutseile für den Meßner. (Über beide Abgaben siehe bei den Dorfämtern.)

Einen Ansatz zur Ortsumlage macht die vereinzelt beginnende Erhebung eines „O r t s g u l d e n s", das heisst des Wertes von 12 kr. Rothenburger Währung, im Dorfe Wermutshausen. (Nach Aufzeichnungen dortselbst im 16. und 17. Jahrhundert.)

Als Einnahmequellen hätten wohl die B u ß e n dienen können, die in den Dorfordnungen in langen Reihen nach Geldwert festgelegt sind. Aber ganz abgesehen davon, dass solche nicht selten zum Teil in die Hand des Dorfherrn gegangen zu sein scheinen (so Schweigern, das Gegenteil aber ausdrücklich bemerkt z. B. Schön 2, 10, 11, 29, 39), fand man es für zweckmäßiger, die Strafsummen sofort zu — vertrinken.

Es scheint vielfach diese eigenartige Buße gewählt worden zu sein, wenn zur Gemeindeversammlung Stimmrecht oder überhaupt das Erscheinen in Frage gestellt wurde und Pfändung oder Holenlassen nichts fruchtete. So Hilgarthausen und Finsterlohe: „darumb vertrincklit man In vnd heist die gros buß —" „der bust es auch mit der grossen buos . . . . . vnd welcher also buosfellig vnd vertruncken wurden . . ."

Ein besonders köstlicher Paragraph ist aber in dieser Richtung Nr. 39 der Schöner Ordnung:

„Wan sich ein Gemeinsmann sonderlich Vergehet: soll er der Gemein Einen Kübel Wein Zum Abwahschen geben."

Hilft alles nicht, „so hatt die gemeind machtt In darumb zu pfenden" (Finsterlohr). Hachtel: „Vnd so einer bußwidrig würd in obgemeldten sachen, vnd ers nit erlegen wil, hat ein gemeind macht, im ein pfand auß seinem hauß zu nemen."

Noch sind hier eine Reihe von persönlichen Verpflichtungen zu erwähnen, die aus der Zugehörigkeit zu einer Gemeinde da und dort erwachsen. Diese sind sehr eigenartig und entbehren nicht der „Poesie des Rechtes".

Zunächst die „Kirchenwache": Schön: „11tens solle an Sonn- und feyr Tägen die Kirchen Wach mit einer Erwachßnen Verständigen Perßon Versehen werden. Wer in diesem nachläßig ist solle der Gemein 15× Buß geben." Noch heute ist diese Wache während des Gottesdienstes im entfernten Pfarrort oben im Weiler üblich, um für vorkommende Fälle (Waldbrand etc.) erste Hilfe zu haben. Turnusgemäß geht während dieser Zeit ein mindestens 18jähriger kräftiger Mann im Dorf herum mit dem von der Gemeinde hiezu gestellten Spieß. Grössere Orte haben hiezu zwei Personen, denn auch die Nachbardörfer halten sich an eine solche Vorschrift, die durch die Landjäger staatlich überwacht wird. Besonders originell aber erscheint folgende Vorschrift in Ebertsbronn (Art. 10): „Zum Zehnten ist also geordnet: ob einer oder eine im Flecken Allhie Todes verschiede, soll eine ganz Gemeind aus christlicher Lieb mit der Leich zu Begräbniß gehen und so einer einheimbsch wäre oder auf dem Feld und das Glöcklein hört läuten und nicht mitgienge, der ist der Gemeind mit 1 fl. verfallen." — Eine Vorschrift, die sich auch an anderen Orten findet, gibt Schön: „8 tens solle ein Jeder neuangehender Gemeinß Mann einen B a u m auf die Gemein Hutt oder Weeg Pflanzen und Aufbringen, Dieses solle Zu einem Gesetz Vest gehalten Werden." Der „neuangehende Gemeinßmann" hatte dort aber noch mehr zu leisten, er „Hat so er in Schön gebürdtig ein Kübel oder a : $^1/_8$ tauglichen Wein Ein Fremder aber 2 Kübel der gemeindt e i n s t a n d t zu reichen." (Art. 15.)

Daselbst werden auch noch G e m e i n d e f r o n e n erwähnt: „6. Wan in der Gemein Gearbeit Wird und Komt einer nicht, oder Schicket untaugliche Leute dazu so ist die Buß 15×2 hl. — 7. solle ein Gemeinß Mann alle Jahr Zwey Fuhr Stein auf die gemein Weege führen. Wo es am nöhtigsten ist. Wer solches unterläst ist in Buß 15×2 hl."

2. Abschnitt.
Weistum und Dorfordnung.

Wenn ich im Texte die Ausdrücke „Weistum" und „Dorfordnung" nebeneinander gebrauche, so geschieht dies nicht nach einer Anschauung, als wenn zwischen beiden ein irgendwie nennenswerter Unterschied bestünde als etwa der, dass ich beide aus verschiedenen Quellen schöpfte — allerdings tragen die Dorfordnungen einen mehr orts p o l i z e i l i c h e n Charakter —, sondern weil ich dadurch einen gewissen zeitlichen Unterschied festhalten konnte. Alles was aus dem letzten Viertel des 15. Jahrhunderts und darüber hinaus an solchen Aufzeichnungen benutzt werden konnte, ist so leicht den Belegen aus den Weistümern gegenüber gekennzeichnet. Machen auch 100 Jahre für die Geltung eines Weistums kaum etwas aus, so ist es doch hie und da von Interesse, sich rasch die modernere Entstehung zu vergegenwärtigen.

Auch die Dorfordnungen sind ursprünglich Satzungen, die für ein Rechtsgebiet, im besonderen für die Dorfgemeinde der Herrschaft gegenüber als überliefertes ortsübliches Recht „gewiesen" werden. Ein vorheriges Befragen des Dorfherrn musste nicht notwendig vorausgehen. Die Initiative kann, wie wir sehen werden, ganz wohl auch von der Dorfgemeinde ausgehen. — Es finden sich folgende Namen: Dorfordnung, Gemeinrecht, Gemeinordnung,

Gemeindebuch, Gemeinbüchlein, Dorffsrecht, Dorfbuch, Öffnung.
(Uissigheim 1508.)
Im Laufe des 15. Jahrhunderts erhält fast jeder Ort im Wertheimischen durch die Grafen ein „Ortsrecht oder Weistum". (Aschbach 389.)
Am Eingange verbreiten sich die Dorfordnungen regelmäßig über ihr Zustandekommen durch die Mitwirkung von herrschaftlicher und gemeindlicher Seite. So bekam das Ganze naturgemäß manchmal geradezu einen vertragsmäßigen Charakter.

Hachtel erscheint hier sehr selbständig (1501):
„Wir Bürgermeister vnd ein gantze gemeindt zu Hachl becrefftigen und beschliessen in diesem vnßrm gemeinbüchlein . . . ." Die Bestätigung und Mitwirkung des Dorfherrn oder seines Vertreters, deren Erwähnung hier wohl nur zufällig fortgelassen ist, fehlt sonst nirgends. Vgl. Schweigern: „Vollgendt ist des Dorffs ordnung Unnd freyheit So vonn Vnnßern Elternn Vff Vnnß kommen Vund Dann Vonn Vnnßer genedigenn Herschafft lauth brieff Vnnd Sigel Auch gegeben Ist." Schön: „Gemein Ordnung Vor daß Weiler Schön Welches Von Schultheißen J. M. K. Dan Den Baurenmeistern und Gemeinßleutten Daselbst — infolgende Ordnung gebracht Worden ist." Daselbst am Schluss: „Diese vor Beschrieben gemeindeordnung ist Von einer sämtlichen gemein gebilliget dan auch Vor Nöhtig und Gutt Erkennt Worden und dann auch zu dessen Vesthaltung hat sich ein Jeder Gemeinsmann Eygenhändig unterschrieben Wie auf dem nächst Blat folget." — Wachbach: „seind beyeinander gewesen mitt wissen vnd willenn einer ganczenn gemeind ein amptman Junkher Bernhards von Adalzheim Der schultais die Haimburger hie zw Wachpveh. Vnnd ander mehr aus dem gericht vnnd der gemaindt zw wachpach." In Finsterlohr treten Verordnete der Gemeinde auf zur Entwerfung der D. O.:
„Die gemeind zu vinsterlor sagenn daß nachgeschrieben ordnungen vnd recht seien Inn jrem dorf vnd bisher also gehalltten worden — Solch abgeschrieben Ordnungen sein durch fritzen Ochßner, Martin kronnthr Hanßen Jacob vnd vlrichen hipler die von der gemeind wegen dartzu geordnet vnd gegeben worden sind, erzellet."

Die Initiative der Gemeinde zeigt sich deutlich im folgenden (Dettwang [1516]):

"Dise hernach geschriben gemain recht sind dor(f)maistern vnnd gemainde zu Dettwangen vff Ir Anruffen vnd bit Von einem Erbern Rat Hie Zu Rothenburg nach Stattlich besichtigung vnd Ermessung derselben Zugelassen Durch krefftig vrkunde vnnd bestettigt worden." Fast gleichlautend Anfang der G. O. von Bettwar (1517). Am Schlusse der beiden Ordnungen behält sich der Rat alles vor: Bettwar: "Doch In dem Allen hat ein Erber Rat zu Rothenburg Von gemaind Statt, weyl Ir oberkait vnd herlichait vorbehallte dise ordnung Zu endern Zu meren oder gar abzuthun vnd ein newe auffzurichten.

Mehr Uebergewicht des dorfherrlichen Einflusses zeigt sich bei Pfitzingen (1554):

"Ordnung und Gemeinrecht des Dorf zu Pf., wie es von Alters her durch die Innwohner gehalten worden, Erneuert und Etlichermaßen gebeßert, beschrieben und denen zu Pf. von der Herrschaft hinfüran bei nachvermeldten Bußen Also zu halten aufferlegt." Die Neuaufnahme der Ebertsbronner Ordnung findet auch in Anwesenheit der Beamten des Ansbach-Hohenloheschen Kondominats statt. Die Beamten hängen ihre Siegel an. Bei der Begabung von Edelfingen mit einer D. O. 1601 erscheint jene vertragsmäßige Gestaltung so gut wie verschwunden. Das Gerlachsheimer Protokollbuch ist nur mehr eine einseitige Aufzeichnung von Rechten, die dem Kloster zustehen.

Inhalt der Dorfordnungen.

In unseren Rechtsaufzeichnungen ist es verstattet, dem Atemzuge des kleinen Lebens auf dem Lande zu lauschen, denn eine Fülle von Details, kulturhistorisch höchst interessanten Einzelheiten, sind in jenen verborgen. Diese polizeilichen Gebote und Verbote lassen uns ein Bild des Dorfes, wie es zur Zeit der Bauernerhebung ausgesehen haben mochte, in frischesten Farben erstehen. Es soll nun im folgenden versucht werden, die behandelten Themata dieser Satzungen einigermaßen in übersichtliche Gruppen zu bringen; dann und wann mögen die Quellen selbst sprechen:

Aufzählung der Freiheiten und Privilegien des Dorfes (z. B. Schweigern p. 37. 38.)

Aufzählung des Gemeindeeigentums (z. B. Schön).

Ordnung des Dorfgerichtes.

Ordnung der Gemeindeversammlung.

Aufnahme neuer Bürger.

Beherbergung Fremder und Aufnahme zweifelhafter Personen, z. B. Schön: „16. solle ohne deß Amts- und der Gemein Vorwißen Von niemanden Ein Hausgenoß angenomen Werden. Wan aber einer angenohmen Werden solle so soll er sich mit glaubhafften Zeugnißen seines Wohl Verhaltens Legitimiren und mit 50 fl. Verbürgen Bey Straf 1 fl." Ebenda: „17. Welcher in der gemein Verdächtige Landstreuner und liederliche Bettler lenger alß eine nacht beheerberget der solle 15 X. Buß geben."

Unendlich detailierte Waldordnungen, Regelung des Forstumtriebes und der Forstrechte, der Holzabgabe und des Holzholens, Maßnahmen gegen Forstdiebstahl und -Frevel.

Regelung der Viehweide, der Weidbenützung. Vorschriften für Hirte und Schäfer. Schafordnungen. Herdochse. Pfründe.

Vorschriften über Mähen und Grasen der Wiesen. Wiesengerechtigkeiten. (Pfitzingen 34—37.)

Verbotene Wege. (Hachtel 11.)

Vorschriften zur Ernte und Weinlese. Absperrung derselben. z. B. vom Bartholomäustag bis Martinstag in Bettwar. Vielfach. Z. B. Schweigern p. 38: „Zum sechsten zu der Zeit des Herbsts Ist der gebrauch das sollichs jnn Zwey teil geteilt wurt . . ein Tag umb denn anderun vund Ist vonn alter also herkommen."

Benutzung der Gemeindegerätschaften.

Instandhalten der Gemeindewege. (Wenkheim 19, Hachtel 23, Bettwar.)

Reinerhaltung der Gemeindebrunnen Wenkheim 20, Schön 31 bis 33. z. B. Hachtel 2: Es soll keiner beim Bronnen jnnerhalb oder auserhalb des schranks (Einzäunung, Schranken) sein gesind lassen waschen, oder ein Geschirr jnnerhalb darbey wessern, vnd fegen, auch kein Strohseyler (Strohseil, mit dem man die Garben bindet) in dem Stroh netzen, oder schue darein waschen, jst die Buß 1 orth." — Schön 33: „Die Brunnen sollen Innerlich und Eußerlich sauber und Rein gehalten Werden. Welche sich s. r. (salva reverentia) Bey dem Wasser holen ungebührlich auf füren, Die sollen in der gemeinen Buß Schuldig sein 30 X."

Entziehung von Gemeindeeigentum (Hilgartshausen).

Gemeindefronen. (Schön 6, 7.)

Feuerordnung (Wenkheim 13; Hachtel 8; Schön 9, 10; 22, 23; Pfitzingen 1; Wachbach).

Baupolizei: Hachtel 7: „Wann einer schadhaft an sein Beuen

mit den techern erfunden würd, sol, der es mit bedacht hatt oder blos held 1 fl. buß geben."

Schutz der Marksteine. Schiedeverrichtungen. (Wenkheim 10, Ebertsbronn, Dettwang, Wachbach 95).

Dettwang: „Item Wellicher vff ain gemaind Staint ist die puß ain pfundt Vndt die stain wieder davon zu tragen."

Regelung der Gewerbe im Dorfe, Bestimmungen über Schankrecht, Backen und Schlachten. Wachbach, Pfitzingen 20 („frembder Beckh im Dorff"). In Schweigern sollen sich die Metzger „nach Mergentheimer Ordnung" halten.

Verladen des Weines, Weinverkauf, Schrotamt.

Schutz des Privateigentums (Schön, Bettwar). Strafgesetze gegen Beleidigung und Körperverletzung. (Wenkheim 9, Edelfingen.) Vgl. Schweigern (p. 42. 43. 44):

„Es ist auch ein jdlicher zw Rügenn wie hernach volgt schuldig Zum ersten ob einer einen lugenn strafft Raufft oder mit faustenn schlug Ist er dem Schultheißen verfallen fierzig heller. — Item so einer ain Uberlaufft mit gewapneter hannd sol er verfallenn sein der herrschaft dritthalb pfundt. — Item so aber einer einen fließende wundenn hieb oder stach, sol er der herrschafft Vnndt dem gericht verfallenn Vnnd . . . Verpussenn mit Zwey Vnnd zwanzig pfundenn. — Item ob einer dem andern es sey mann oder frawen zv redt, Das ihm sein ehr betreff — — das sol auch gepust werdenn mit Zwey Vnnd zwantzig pfundenn."

Ferner: „Von Hasen Schießen und Fischen" (Edelfingen) und „Vom Feldstreifen unter der Predigt" (Edelfingen).

Von kleineren Bestimmungen sei nur noch der folgenden gedacht (Hachtel 20): „So die Hund verbotten sein am Herbst vnd so einer ledig würd, ist buß 1 orth." Eine sehr eigenartige Vorschrift, die von anderer Hand der G. O. von Bettwar beigefügt wurde, möge den Beschluss machen: „Item nachdem — von aller gewest vnd herkomen Auch vormals mit recht verlangt vnd von Ainem Erbern Rat vor alter erkanndt worden sey, das ain Bawr nit mer dann 24 schaff vnd ain Kobler nit mehr dann 12 schaff hallten, soll es nochmals darbei bleyben vnd also gehandelt werden." (1517?.)

3. Abschnitt.
Die Gemeindeversammlung.

Die Gemeindeversammlung hatte den Zweck, im Meinungsaustausch aller Gemeinsmänner die Interessen der Gemeinde wahrzunehmen. Oft wurde auch in aller Eile die Gemeinde zusammengerufen, um in Kriegs- und Fehdezeiten bei unerwartetem feindlichem Ueberfall die waffenfähige Mannschaft des Dorfes an dem festesten Platze desselben zu versammeln.

Ort. Die gewöhnliche Dorfversammlung tagte am liebsten im Freien unter alten Linden (vgl. auch Bensen H. U. 379), deren in unserem Bezirk eine nicht kleine Anzahl zu finden sind. Weisen schon der alte Baum und der freie Platz um diesen, meist an der Kirche gelegen, auf die alte Thingstätte hin, so spricht auch noch die Tradition mit Ehrfurcht von ihr. Unter einer früheren Linde von Niederrimbach, die auch urkundlich mehrmals erwähnt wird, soll das „Fehmgericht" getagt haben, wie auch bei den „Steintischen am alten Schloss" ober Wachbach. Alten Leuten zufolge verkündete bei der Dorflinde mit steinerner Umfassung zu Eiersheim früher der Gemeindediener den Leuten, die aus der Kirche traten, die Dorfbekanntmachungen. Eine alte Linde zu Hilkertshausen, die vor etwa vier Jahren einging, sah unter sich „die alte Gemeindeversammlung", und einmal kamen im Jahr die Rothenburger heraus, um darunter eine grosse Mahlzeit mit Tanz zu veranstalten. Bei der alten Wenkheimer Linde soll einst die älteste Kirche gestanden haben. Eine Gerichtslinde war auch die zu Laudenbach und wahrscheinlich auch die zu Reicholsheim, Gerlachsheim, Ebertsbronn, Archshofen, Bettwar, Dettwang, Pfitzingen (G. O. 5), Rinderfeld und Markelsheim, und besonders die von Althausen.

2. Ein anderer solcher Ort war, namentlich in Zeiten der Not, der befestigte (Adolzhausen, Finsterlohr, Königheim, Schweigern [pag. 40]) Kirchhof, aber auch in Friedenszeiten wie in den Städten. (Baumann-Zweifel 49; Oberrh. St.-R. I, 1, 42; Weistum von Bülfrigheim [Pülfringen]).

Andere dörfliche Versammlungsplätze waren:

3. In der Kirche, wobei die Bekanntmachungen von der Kanzel oder von der „Porkirchen" herab verlesen wurde. (So wenigstens in Rothenburg: Baumann 172, 253, 281, 494, 632, und im Wertheimischen vor 1509. Oberrh. St.-R. I, 1, 42).

4. Auf dem „Flecken für die kirchenn" (in Schweigern).

5. Vor der Dorfschmiede. (Bensen, H.-U. 379.)

Das Läuten zur Versammlung.

Vgl. Zweifel bei Baumann 494, wo „rufen" und „lewten" unterschieden werden. Es finden sich sonst noch folgende Ausdrücke: „Sturm läuten" (Schweigern 40 und Wachbach). Alles hat bewaffnet zu erscheinen.

„(ein) Gemahel läuten" (Finsterlohr, Bettwar). gemahl Grimm IV, 1, 2, 3155 zu ahd. mahalstat, Gerichtsstätte.

Dettwang 1: „Gemahel es (sei) von Herren bot oder ander sach wegen".

„Herrngepot" läuten: Hilkartshausen.

„Zusammenläuten" (Ohrenbach-Baumann 35).

„Zur" oder „einer Gemeind läuten": Pfitzingen 5, Hilkartshausen, Wachbach.

„Zur Gemeind bieten", „der gemeind bieten". (Schön 5, Finsterlohr, Hachtel 6.)

Schweigern 39: „Item so einer hört die gemain glocken leutten wo er ist soll er sich jm Flecken für die kirchenn stellenn."

Es war ferner die Art und Weise des Erscheinens geregelt: Bei Sturmläuten hat ein jeder bewaffnet zu erscheinen: „Item hört dann einer sturm leuten er wer Uff dem Feld oder Im Flecken, sol er mit seiner wöhr dem kirchoff zu eillenn, Das sollenn auch die jungen gesellen auch schuldig sein" (Schweigern 40). Zur Gemeinde aber soll der Bauer unbewaffnet kommen:

Schön 34: „soll Kein gemeinßman mit einer schneidenden Schedlichen Waffen zur Gemeindt Kommen." — Dettwang 2: „Item so Ainer mit Waffend Hand zu der gemaind geet Ist die puß ain pfundt." — Bettwar: „Item von Hauß auß zu geen kainer kain weer an kain gemaind Zu tragen es sey — groß Heppen oder schnittheppen oder annder werr nichtz außgenommenn Bey der puß funffzehenn pfennig."

Ferner soll keiner „zu der Gemaindt Baarfüßig kommen" und „selbsten erscheinen". (Pfitzingen 6.)

Die Art des Wartens, bis die Versammlung als vollzählig gilt, ist durch eigenartige und phantasievolle Bedingungen charakterisiert:

Hachtel 6: „So gemeind botten würd, vnd wan der halb wil (er) bey einander ist, sol ein bürgermeister zum Bronnen oben in der Hoffstatt gehen, vnd wan er wieder kümpt, soll der nach im zur gemeind kummen würd, 15 fl. Buß geben — oder Pfitzingen 5:

„Desgleichen wann die Burgermeister zur gemeindt leuthen, sollen die den Schlüssel widr in sein gehörig Ort liefern, volgends von einem thor zum andern und widenub zu den Linden gehen, welcher nicht dazu kompt, soll funfzehn pfennig verfallen seyn, oder da einer sich konnte entschuldigen, er hätte es nicht gehört, soll solches von ihm aufgenommen werden." — Wachbach: „Ittem Mitt erst so man einer gemeind leutth Welch gemeinsman sich seumbt. Als lanng bis einer vonn der Mulenn bis zu der Kirchenn gehenn mag, on redlich vrsach, der soll gepust werden mitt funfzehenn pfennig."

Man hatte auch bestimmte Glockenzeichen:

„Ittem so do wurdt geleuth ein gemaind Auch daruff nach denn drey zaichenn der grossen gloken Das klain glocklen geleuth wirtt. Welcher aber nitt keme, wie Vorbezaichnet ist mit seiner weher (also Sturmläuten!) Der soll aber gebenn die puß. aber das behalttenn wie verbericht ist." (Wachbach). Weitere Bestimmungen darüber hat Schön 5: „Wan Zur Gemein gebotten Wird und Kömt einer in einer Viertel Stund nicht. Lässet es auch nicht sagen ob Er zu Haus sey oder nicht so ist die Buß $7^{1}/_{2} \times 2$ hl." — Finsterlohr: „welcher der gemein gebotten nitt gehorsam sey mit worten oder wercken darumb haben sie bues, Also welcher hörte gemahel leutten, vnd darüber nitt kehm der buß 15 pfennig. Welchem aber in das Haus gebotten vnd nach ime geschickht wurd sich zu der gemeind zu fuegen vnd derselbig darüber vngehorsam werr der buest ygklichem in der gemeind etc. Endlich Bettwar: „Item so man ain gemahel lewt Unnd man das leyt Zeichen lewt wellicher das hört, der soll sich vff den weg machenn vnnd So die zwey Bawermaister gegenwurtig sin dazu dem merer tail der gemaind Wellicher dan nit gegenwärtig oder da ist der soll das pussen mit funffzehen pfenning."

Die Gemeindeversammlung leitet der, beziehungsweise leiten die Bauernmeister (s. d.). Dass es in einer solchen Gemeindeversammlung nicht immer gerade friedlich hergehen mochte und die harten Bauernköpfe manchmal derb an einander stiessen, zeigt die Notwendigkeit folgender Bestimmungen (Bettwar): „Item ob Ainer In gegenwurtigkait ainer gemaind den andern Vngestrafft oder mit gewappet die puß funff pfundt, der Bawrmaister buß Zwifach." Schön 35: „Wann ein Gemeinßmann den andern oder Zwey und mehr ein ander Schaunden soll Jeder 1 Viertel Wein

Buß geben, geschicht es aber Bey Versammlung der gemeindt ist die Rug doppeldt" etc. Auch die D. O. von Pfitzingen hat das „Schlagen vor einer gemeindt" (N. 13) und ein „Vor der Gemein lügen straffen" vorgesehen.

Der Gefahr des Aufruhrs wollen folgende Vorschriften — vielleicht durch Einfluß der Herrschaft in die Satzungen gekommen — entgegentreten:

„Item welcher ainer gemeind schmelich zuredete oder in gesprochen vrtheylen der buß es auch mit der grossen buos" (Finsterlohr) und: „Item wann ain gemaind beyainannder ist vnnd Ainer Ain Auffrur zu sollichen bracht, der pust das mit ainem gulden (Dettwang 1516!) Vgl. Edelfingen: „oder in der Gemeindt unnüze böse Wort ausgießen und andere zu gleichem Ungehorsam und Widersezlichkeit bewegen und anreizen" etc. Wer sich weigert, in der Gemeinde zu stimmen, wird nach der ersten Buße eventuell noch zu einer höheren Buße verurteilt und schliesslich zu einer allgemeinen Trinkerei gepfändet. (Hilkartshausen.)

Wem eine Buße ungerecht erscheinen mochte, der konnte im Rothenburgischen noch an den Rat als höhere Verwaltungsinstanz appellieren. So Finsterlohr: „Welchen aber bedeuchte das Im vnrecht damit besthee, der soll die gemeind darumb vor ainem erbern Rathe beclagen vnd anziegen vnd darumb erkhennen lassen, damitt die gemeind denselben für Ir herrschafft nitt nachlaiffen bedurffe." Desgleichen Dettwang: „Item wellicher vorgerurter Artickl Ainem oder Anderen verpreche vnd pußfellig wurd Vnd sich doch nit straffen lassen wollt. sondern deßhalben vor Rat pus vnd er dann dess vor Rat vberwunden wurde der pust das allwege mit Zwifach puß mitsampt dem schaden."

4. Abschnitt.
Die Dorfämter.

Während die Stadt, ihre innere Organisation weit und weiter ausbauend, auch die Zahl der Aemter und Beamten ins Große wachsen sah, war die Landgemeinde bei einer primitiveren Gestaltung stehen geblieben. Doch auch diese kleinsten Verhältnisse sind nicht ohne eine ziemliche Detailierung, selbst heutigen Verhältnissen gegenüber, so dass es einen eigenen Reiz hat, in dies kleine aber frische Leben dieser Dorfbeamtenwelt zu blicken.

In erster Reihe steht hier der Vorstand des ländlichen Gemeinwesens, für den unsere Quellen nicht weniger denn 4 Namen aufweisen, so dass es einigermaßen schwierig erscheint, einen davon als den eigentlichen und gewöhnlichen herauszuheben: Bauernmeister, Dorfmeister, Bürgermeister und Heimbürge. Fries spricht durchaus von dorfmaistern. Die Rothenburger Chroniken haben aber z. B. zehnmal dorfmaister und gleichzeitig sechsmal bawrenmaister. Ziemlich jede Dorfordnung hat im Texte zwei jener Bezeichnungen.

— Besonderes Interesse verdient wohl hier der Name Heimbürge, der, wenigstens Grimms Wörterbuch zufolge, sonst mehr den thüringisch-hessischen und alemannischen Landschaften eignete. Heimburger, haimburger treten uns entgegen in dem Weistum von Königheim 1422, in den Dorfordnungen von Wachbach 1504 und Schweigern 1521, heimbürge in den auf Althausen bezüglichen Urkunden von 1429 und 1490. (O. A. B. 447 und 448.)

Ebenso ist die Zahl dieser obersten Dorfbeamten keineswegs eine überall gleichmäßige. Nicht einmal das Häufigere scheint die Einzahl gewesen zu sein. Häufig genug sind es zwei Dorfmeister, und im Rothenburger Gebiet (H. W. Bensen, Hist. Unters.) kam auch die Dreizahl vor. Ob hiebei die Grösse der betreffenden Ortschaft ins Gewicht fiel, wie Schum (Ueber Bäuerl. Verh. etc. im Erfurter Gebiete, Ztschr. f. Thür. G. u. A. N. F. I, 46) annehmen möchte, ist fraglich. Ein Weiler wie Schön (Eingang der Gemein Ordnung) scheint mehrere Bauernmeister gehabt zu haben; Althausen, das alte Reichsdorf, begnügte sich mit dem einen Heimbürgen, und solche Beispiele liessen sich unschwer noch vermehren.

Eine wichtige Frage ist die, wem das Recht zustand, diese Beamten zu ernennen. Für das Rothenburger Land finden wir (Bensen a. a. O. 378) den Aufschluss, dass die Wahl den Gemeindemännern zukam. Das wären also die Vollbürger des Dorfes und lediglich diese gewesen. Die Wahl geschah hier Jahr um Jahr, meist am Allerheiligentage (1. November). Die Wahlversammlung leitete indes der Schulz oder Vogt als Stellvertreter der Herrschaft. Keiner der Stimmberechtigten durfte an der Ausübung seines Stimmrechtes gehindert werden. Verpflichtung und Beeidigung der Bauernmeister erfolgte durch das Steueramt, was darauf hindeutet, dass man von oben her besonderes Gewicht auf die Eigenschaft derselben als Gemeinderechner legte. Der Herr des Dorfes hat ihnen seinen Schutz zu leihen. Die Wahl der Dorfvorstände durch die Gemeinde bezeugt auch das zweite Weistum von Königheim, wenigstens für das Jahr 1422 (II § 7): „item auch sprachen sie, daz die gemeinde zu K. hat zu setzen heimburger". Allein entweder beruht diese Angabe auf Ungenauigkeit, und wäre sie folgendem gemäß richtig zu verstehen, oder es müsste noch im gleichen Jahre eine Aenderung stattgefunden haben, denn das Weistum III § 4 spricht ganz klar für Königheim diesen Ausgleich aus: „Auch wan man heimburgen setzet, der sal einer unsers obg. herren sin, und den anderen sollen die gemeine setzen, der sie dann der beste sin dunket."

Bezeichnend ist übrigens, dass auch in Althausen, das als Reichsdorf mit nur freien Bauern auftritt, vor 1429 noch von einem Recht der von Finsterlohe die Rede ist: „dabei und mit zu sein, einen Heimbürgen daselbst zu kaufen und zu setzen", bis Geldnöte die Herren vom Adel bewogen, dies Recht für sich und die Nachfolger um 15 gute rheinische Gulden zu veräussern. (Originalurkunde in Althausen, O. A. B. 447.) Dieses Recht wurde auch von der Gemeinde in der Folge zähe festgehalten, denn Althausen verwahrt eine zweite Urkunde von 1490 des Inhaltes: „C. W. u. H. M., Dorfmeister und Heimbürgen des Dorfs A., an Statt einer ganzen Gemeind, lassen sich durch Petrus Lupi von Wimpfen, Kaiserl. Notar, eine beglaubigte Abschrift des Kaufbriefs vom 7. Dez. 1429 fertigen für den Fall, dass diesen die Schaben und andere Würm zu nichte machen." (O. A. B. 448.)

Nicht häufig, nur vereinzelt, mag es wieder so leicht gelungen sein, mit Benutzung der Schwächen des Stärkeren diesen beiseite zu schieben, und häufiger mag es sich aus solchem Recht, „dabei und mit zu sein", das Verhältnis so gestaltet haben, dass man die Dorfvorstände zu grundherrlichen Beamten herabdrückte oder vollends durch amtliche Schultheisse etc. ersetzte.

Ein solches Resultat zeigt sich denn auch für eine spätere Zeit (1745) in den Verhältnissen in Gerlachsheim (Protocollum ... Monasterii Gerlachsheimensis Praemonstr. etc.): „Die gemaine Dorffsämbter werden durch den Closter-Verwalter bestellet mit rat der Gerichtschöpfen, ingleichen die gemeine Rechnung also angehöret." Ja schon das Weistum von Hurtheim (1423! — Grimm) erwähnt den Dorfmeister gar nicht mehr. Das Amt des Schultheissen ist über jenes hinausgewachsen.

Einige Worte über die Persönlichkeiten solcher Dorfmeister!

In der Natur der Sache liegt es, dass persönliche geschäftliche Tüchtigkeit, Alter, grösserer Besitz, überhaupt Ansehen in der Gemeinde bei der Wahl von solchen maßgebend waren.

Die Stellung der Dorfmeister als **Repräsentanten** ihrer Gemeinden mit ziemlicher Selbständigkeit bezeugen zum öfteren die Eingänge der von diesen ausgehenden urkundlichen Schriftstücke, z. B. gemeinbüchlein von Hachtel: „Wir Bürgermeister vnd eine gantze gemeindt zu Hachl becrefftigen vnd beschliessen in diesen (!) vnßrm gemeinbüchlein . . ." Urk. von 1490: „Cuntz Weygant und Hans Myner, Dorfmeister und Heimbürgen des Dorfs Althausen, an Statt einer ganzen Gemeind." Vgl. die Adressen in den bei Baumann mitgeteilten Schreiben S. 38, 48, 49, 188, 214, 300; die Unterschriften ebenda 496, 512. „dorfmaister und gemainden" neben einander genannt, bei Fries I, 123, 294; II, 310. — Fries bei Rockinger 163: „dorfmeistern und gemeinden." — „Schultes, dorffmeyster und gemeynde des dorffs zu Werpach" (1513, Urk. des Werth. Arch. nach Krieger, Topogr. Wrtrbch. d. Gr. Baden).

Verfolgen wir noch das Auftreten neben dem Schultheissen, ein Anzeichen, wie gemeindliche Selbstverwaltung neben dem Beamten der Herrschaft des Landes und Orts sich behauptete, so mögen folgende quellenmäßige Belege genügen: bei Baumann 38, 347, 546. („schulthaiß" allein neben Gericht u. Gemeinde 48); Fries I, 123; II, 310; dazu obengenannte auf Werbach bezügliche Urkunde.

Es ist oben bereits darauf hingewiesen worden, dass unter den **Funktionen** des Bauernmeisters die eines **Gemeinderechners** mit obenan stand, und offenbar daraus jene Beziehung zum Steueramt in Rothenburg zu erklären. Die „gemeine Rechnung" zu führen, ist eine ihrer wichtigsten Aufgaben. Diese haben sie in jedem Jahr der Gemeindeversammlung zu unterbreiten. Im Rothenburger Land ist hiebei ein Abgesandter des Rats zugegen, und das Steueramt revidiert die Gemeinderechnung. Der Gemeindehaushalt hat natürlich in erster Reihe mit der **Allmende** und ihren Erträgnissen zu rechnen, und ist deren Verwaltung der besonderen Obhut der Dorfmeister übertragen. (Vgl. Bensen a. a. O. 378.)

Wesentlich ist auch die Mitwirkung der Dorfmeister bei der Abfassung und Neuregelung der **Dorfordnungen**. Die Heimbürgen sind es, die besonders nach dem ortsüblichen Rechte befragt werden: „da sprachen sie, tede es noit, sie wollten daz behalten zu den heiligen (= beschwören), daz es also were, als unsers gn.

h. von Mentze scheffen zu K. uszgewiset und gesprochen haben, als obgeschr. stet, zu dem rechten" (Weist. v. Königheim 1422). Dorfordnung von Wachbach 1504: „seind beycinander gewesen mitt wissen vnd willenn einer gunczenn gemeind ein amptman Junkher Bernhards von Adalzheim (Adelsheim) Der schultais die „Haimburger hie zw Wachpvch . . . ." Gemeinordn. v. Bettwar 1517: „Dise hernach geschriben Gemainrecht sind Dorffmaister vnd gemaind Zu Bettwar Vff Ir anruffe . . . . Rechtskrefftig erkandt vnnd bestetigt worden." Fast gleichlautend Gemainrecht zu Dettwangen v. 1516. In Schön sind noch 1766 „Schultheiss, Baurenmeister und Gemeinßleutte" beteiligt.

Der Dorfmeister ist auch der Leiter der Gemeindeversammlung. Er gibt den Befehl, die Gemeinde zusammen zu läuten: Geheiß der 2 Dorfmaister zu Orembach (Ohrenbach) Baumann (Th. Zweifel) 35; vgl. hiezu Gemeinrecht von Pfizingen (1554), Art. 5: „Deßgleichen wann die Burgermeister zur gemeindt leuthen, sollen die den Schlüssel widr in sein gehörig Ort liefern, volgends von einem thor zum andern u. wiedenub zu den Linden gehen welcher nicht dazu kompt, soll . . ."

Die Buße für unentschuldigtes Ausbleiben tritt ein, sobald „die zwey Bawernmeister gegenwurtig sin Dazu dem merer tail der gemaind" (Bettwar, G. O. 1517) „in abwesen ains Bawrnmeisters die puß zwifach" (ebenda).

Beim Bürgermeister werden gewisse Gegenstände aufbewahrt, die der Gemeinde als solcher gehören, insbesondere z. B. das Gemeindefruchtmaß. So Gemeinbüchlein von Hachtel (1501) (Art. 32): „Wan einer das gemein meß hold, soll er dem Bürgermeyster ein pfand lassen."

Weiterhin sind die Dorfvorstände mit einer Reihe von polizeilichen Befugnissen ausgestattet:

Nach Hilgartshausener G. R. darf, „wenn die Gemeinde einen Tag ansetzt, ohne Erlaubniß der Bauernmeister oder der Gemeinde kein Gemeindemann sich vom Dorf entfernen, bey der Buß von 5 Pfund". G. O. von Bettwar (1517): „Item wer gemains Heeg hat, die soll man nit auffreyssen frevenlich Dann In notturfftigen sachenn Vnnd mit Wissen der Bawrnmaister." S. a. Wachbach 96.

Sie wachen über die Feuerpolizei und haben deshalb Ofenvisitationen vorzunehmen: So verlangt das G. B. von Wenkheim

1578: „Dreimal jährlich müssen die Oefen durch den Bürgermeister besichtigt werden." (Art. 13.) Vgl. Art. 9 der G. O. von Schön: „Wan Schultheiß und Baurenmeister nach dem alten Recht in der Kirchwey (damals auf Michaelis fallend) die Schlöht, Backöfen und feurhert Visitiren und finden Etwas gefährliches und Wurd dem Hauswirt gesagt, er solle es verbeßern Laßen und Geschicht nicht, so ist die Buß 30 X. (Kreuzer) 2 hl." Ob die „Fewrbeseher" der D. O. von Wachbach (1504) mit den „Heimburgern" identisch sind, oder eine weitere Kommission hiezu gebildet wurde, mag unentschieden bleiben.

In ihrer Eigenschaft als Vertreter der Forstpolizei treten die Baurenmeister im Art. 3 der Schöner Ordnung anf, in deren Art. 10 dann eine besonders eingreifende Befugnis festgelegt ist: das Recht einer allgemeinen Haussuchung: „29. Alle Jahr solle Zweymal Haußsuch gehalten Werden findet man Bey Jemand Etwas Verdächtiges Muß ein solcher 1 fl. 15 Xr. Buß in die Gemein Zahlen. Lässet aber einer dem Etwaß gestohlen Worden von freyen Stucken suchen und man findet nichts ist er 30 Xr. 2 hl. in die gemein Zu geben Schuldig. Wird es aber gefunden so muß der Jenige geben Wo es gefunden Worden ist."

Damit berührt sich ziemlich eine Vorschrift des Weistums von Kreuzwertheim (1449), die gegen Ortsansässige gerichtet ist, die im Verdachte stehen, sich falschen Maßes zu bedienen. Die Heimburgen haben der Sache auf den Grund zu gehen.

Nachdem wir so die Befugnisse des Dorfmeisters in mannigfacher Richtung untersucht, sei nur noch darauf hingewiesen, wie der Dorfvorstand in der Folge auch oft der Mann war, hinter dem die einfältigeren Köpfe auf dem Lande sich bargen, als der Bauer sich nach Wort- und Kampfesführern gegen seine Unterdrücker umzusehen begann. Vgl. z. B. bei Thomas Zweifel (Baumann 35), wie eine rothenburgische Gemeinde ihre Bauernmeister in die Stadt schickt „ime etlich gelt zu pringen".

Dem Dorfmeister schliessen sich weitere Gemeindebeamten an, die hiemit aufgezählt werden sollen:

1. Der Fron- oder Gerichtsbote, nach Sprache des fränkischen Stammes (R. Schröder, D. R. G. 3. A. 656), der auch in unseren Gegenden sitzt, „Büttel" genannt. Der „pütel" hat Macht zu pfänden. (D. O. v. Schweigern p. 40. 48 („so man eines schazt" — Weist. v. Harthoim § 5). Als Beamten des Offen- oder Freigerichts sehen wir ihn in Igers-

heim fungieren. Nachdem der Schultheiss eine bejahende Antwort auf seine Frage erhalten, ob das Gericht auch recht besetzt sei, wendet er sich zum Büttel mit der Formel: „Büttel, Ich befehle Dir an, dass Du das Frei-Gericht behegest" (arcere, sepire, Grimm's Weist. 2, 190) (O. A. B. 585).

2. Der Flurer oder Schütz, d. h. der Flurschütz, Feldhüter, findet sich als „Flurer", „Flurheyer" im Rothenburger Land (Baumann 120, 153, 178, 180, 304, 363), als „schütz", „schüz" in den Weistümern von Stetten und Königheim, dgl. in der St. O. für Krautheim und Ballenberg (Oberrh. St. R. I, 3, 208). In Königheim und Stetten (1422) setzt die Gemeinde den Schützen, der in letzterem Ort auch der ganzen Gemeinde und den Heimburgen einen Amtseid zu leisten hat.

3. Die „Holzmeister"; nach Grimm: Waldaufseher. Doch sind die „zween Holzmeister" zu Pfitzingen (Gemeinrecht) auch angewiesen. „das ganze Jahr hinfüro ein acht oder zwölffmal von feuerhalben Besichtigung" vorzunehmen, also, wie anderwärts die Dorfmeister, als Feuerpolizei einzutreten. Waldaufseher brauchte eine Gemeinde mit Waldbesitz natürlich gerade so gut wie die Landes- und Grundherren und die Städte, die ihre „forster" (Krautheim-Ballenberg, Oberrh. St. R. I, 3, 204), „forsterer" (Stift Würzburg, Fries-Rockinger 163) und (Wald-) „hüter" (Uettingshofer Wald des Mergentheimer Spitals, Schönhuth, Mergentheim 33) in und nächst den Dörfern sitzen hatten.

4. Der Kirchner (Rothenburg: Baumann 588, Königheim: Weist. II, § 7), auch Messner (Rothenburg: Bensen H. U. 378) oder Glockener (3. Weist. von Königheim) genannt, ist wohl, wie in Wachbach so in den meisten Fällen, ein und dieselbe Person mit dem Ortsschulmeister gewesen. Sein Amt heisst das „Kirchampt". In Königheim hat ihn die Gemeinde zu setzen. Das Gleiche war um Rothenburg Rechtens. Angehörige der Pfarrei Wachbach und die Filialen derselben hatten dem jeweiligen Messner und Lehrer sogenannte „Leutseyle", „leutsailer" zu entrichten, d. h. Läutgarben, „zwo Garben, eine Korn und eine Habern". Aus ihnen wurden später Läutlaibe. So laut eines Urteilbriefes W. F. 4, 105. Nach der Wachbacher D. O. hat zu geben: Wachbach der leutsailer Summa 40, Hahthal 28, Stuppach 28 und Durthal 17. Die von Stuppach hatten ihre Läutseile in ganzen Korngarben zu entrichten. (Vgl. auch O. A. B. 714, 741.)

5. Ein Schreiber kommt von Gerichtswegen vor in einem Weistum von Wertheim, den aber dort der Amtmann einsetzt, wie auch das Ortsgericht zu Igersheim sich eines Gerichtsschreibers bedient. (O. A. B. 586.)

6. Der Gemeindehirte spielt natürlich eine ziemliche Rolle. Man machte in unserer Gegend, wie die Dorfordnungen erweisen, einen absoluten Unterschied zwischen Hirte und Schäfer. Ersterer ist immer nur Rindviehhirt. Eingesetzt wird er durch die Gemeinde, in Königheim wie im Rothenburger Gebiet. Doch ist hier eine Belehnung von seiten des Vogtes erforderlich. (Bensen 378.)

Hachtel (Art. 26): „so ein schlag vier Jahr alt ist, hat der hird macht, drein zu fahren." Aehnliche Bestimmungen zur Viehweide: Hachtel 18, Schöner G. O. am Schluss, D. O. von Dettwang, Edelfingen, Pfitzingen 29—32. Letzterer Ort hat auch noch seinen besonderen Hirtenjungen aufgestellt: Art. 33. „Wann man dem Hirtenjungen Viehe vortreibt, soll man ihm von jedem Stück einen Wunpffenning (wohl vom ahd. wunna, Wiesenland; vgl. „wunne und weide") geben.

Zum Unterhalt des „gemein hirten" diente die gemeindliche Abgabe der „Pfründe", „Pfründte", „pfrunt", „hirtenpfründ"; sie bestand in einem bestimmten Quantum Frucht, „guttem Kaufmäßigem Getreit". An einem bestimmten Tage, „Pfründtag" oder gleichfalls „Pfründe" geheissen, hatte jeder Gemeindsmann diesen Abtrag im Verhältnis seines Viehbestandes zu entrichten. Für die Allgemeinheit dieser Einrichtung sprechen Angaben für Hachtel (3,5), Hilgartshausen, Schön (26), Dettwang und Wachbach („auf sant Walburgen tag"). Ein verschwiegenes Stück Vieh verfällt der Gemeinde (Hachtel), ja das beste im Stall darf zur Strafe von der Gemeinde an sich genommen werden. (Hilgartshausen.) Andernorts ist Busse 1 fl. (Dettwang und Schön z. B.)

Durch einen weiteren Namen „Klauensteuer" — es wurde bei Erhebung der Steuer nach Klauen des Rindviehes gezählt —, der in Hilgartshausen der „Pfründe" gleichgesetzt wird, werden wir darauf geführt, auch des Klauengeldes (cloengelt, cloenstewr) im Rothenburger Gebiet zu gedenken. Freilich besteht da ein Unterschied insofern, als hier die Steuer, zunächst wenigstens, dem Territorialherrn, der Stadt Rothenburg, zufloss. Diese Abgabe war erst 1522 im Rothenburgischen eingeführt worden (Bensen, Gesch. des Bauernkr. in Ostfr. 99) und scheint als neu und hoch zugleich recht eigentlich böses Blut gemacht zu haben. So ward dort 1525 von „einem unerdachten und seltzamen uffsatz" gesprochen, und Stimmen wurden im Kreise der ländlichen Bevölkerung laut, dass es „ye ain jemerlich ding sei, das kainer in der ganzen landwer kain aigne ku haben soll". (Vgl. bei Baumann S. 77, ferner a. a. O. 10, 124, 133, 526, 558—65, 75.)

7. Der Schäfer. Der Schäfer ist eigentlich Knecht lediglich der Schafhalter und wird auch ausschliesslich von diesen mit Wohnung, Kost und Belohnung versehen (W. Fr. 7, 76, ff.). Diese Schafbauern bilden gewissermaßen eine Gemeinde in der Gemeinde und über mehreren Gemeinden, daher sich auch die komisch wirkende, doch das Richtige treffende Bezeichnung „Schafgemeinde" in unseren Gegenden herschreibt. Zu einer solchen waren z. B. bis in neuere Zeit Hachtel und Roth mit Wachbach verbunden. (Heute überall ein eigener Schäfer bestellt.) Doch erliess jede Gemeinde für sich in der Dorfordnung ihre eigenen Vorschriften für den Schäfer, z. B. Hachtel: „Der Scheffer zu Wachbach vnd Rod sol von den Wysen fahren ann sandt Gertrautten tag (= 17. März). Es sol ein jdlicher Scheffer zu Weyttgeld geben 1 fl. Der Scheffer von Wachbach vnd Rod sol nit vff die stupflen (stupfle noch heute im Ortsdialekt für Stoppeln) fahren, biß der Hirdt züuor vierzehn tag darein gehütt hat, so ers nit helt, ist buß 1 fl. (Gemeinbüchl. Art. 16, 17, 18). — Zu Schön ist eine besondere Schafordnung, datiert 3. September 1721 (jedenfalls im wesentlichen viel älter), aufgestellt worden. Bis ins kleinste Detail wird alles geregelt, das Anbinden des Schäferhundes zu erwähnen (Pfitzingen 16) nicht vergessen.

8. Thorwarten hat es wie in den Städten („thorwechter", Krautheim-Ballenberg, Oberrh. St. R. 1, 3, 208) auch auf dem Lande gegeben. Denn auch das Dorf war in jenen unsicheren Zeiten oft genug befestigt, meist in primitiverer Weise, wie durch hohe, dichte Hecken, doch auch da und dort durch Mauerwerk, z. B. erwähnt die Ordnung von Pfitzingen zwei Thore. Ueber seine Bestallung geben diese Stellen Aufschluss:

Weistum Königheim III, § 7: „Auch sollen die obg. von Kennickein ein iglichen dorwerten, den sie zue ziten machen oder setzen werden, oder dem der itzunt ein dorwert ist, bevelen und an sinen eid geben, daz er dem vorg. unserm herren von

Wertheim, sinen erben oder dem iren mit dem thore gewarte und gehorsam si, es si tag oder nacht, usz und in zu lassen ungeverlich."

§ 8: „Auch sollen sie einen dorwerten setzen unter unsers obgn. Herren eigen leuten, mochten sie aber des nit gehaben, so sollen sie einen sezen under der Gemeinde."

9. **Nachtwächter**, deren obige St. O. für Krautheim und Ballenberg gedenkt (A. 1528. Art. 23). sind für die Dorfgemeinde gleichfalls aufzuführen, was wohl keines speziellen Nachweises bedarf.

10. Eine eigenartige Kategorie von Beamten sind die verpflichteten **Weinschröter** (Weigand, D. Wrtrbch., II, 644: winschröder, s. a. Grimm), Aicher und Lader, die den verkauften Wein fassen und verladen („auf-, ab-, einschroten"). Heute noch wird nach erfolgtem Ladegeschäft zu Abends in grösserer Gesellschaft „Schrotwein trunka". (O. A. B. 157.) Vergleiche Pfitzingen 26: „Wann Wein im Dorff verkaufft wird und die Schröter einen zum Ladwein (= Schrotwein) rufen, und nicht erscheint, was verschutt wird, soll Ers erstatten."! In Wachbach heisst das Amt „Schrottampt". (W. F. 1852, 94.) An der Spitze der Schröter steht der sogenannte **Unterkäufer** (auch Oberrh. St. R. I, 3, 208). Etwas Aehnliches wie hier die Schröter scheinen im Thüringischen die Kämmerer gewesen zu sein (Schum für Erfurt in Ztschr. d. V. f. Th. G. u. A., N. F. I, 55). Weitere Aufschlüsse, insbesondere zur Besetzung, gibt wieder das Weistum von Königheim (III, § 11): „Auch sollen die von Kennickein winschroder setzen, einen usz unsers vorg. herren armen luten, so fer man den gehaben mag, und den andern usz der gemeine. mochte man aber keinen niz usz mins herren armen luten gehaben, so mochten sie aber einen usz der gemein nemen, der sie dann duchte, der unserm vorg. herren und ine nutz und gut gesin mochte .." (§ 12): „Und der zins von dem egenanten winschroder ampte sal halber unser vorg. herren sin, und von dem andern halben teile einen dritten teil von „Heintz Stumpfs seligen gute wegen".

Gewisse Beamte treten immer in der Mehrzahl auf und erscheinen so als **Kollegien oder Kommissionen** für bestimmte gemeindliche Zwecke. Hier sind an erster Reihe zu nennen:

11. Die **Heiligenpfleger**. Es sind das die Rechner und

Verwalter des kirchlichen und des geistlichen Stiftungsvermögens. Ihre Bedeutung begreifen wir, wenn wir der vielen Stiftungen der vergangenen Jahrhunderte gedenken, Geschenken unter Lebenden wie Vergabungen von Todeswegen zu frommen Zwecken, zu Seelenmessen, Ausstattung einer Pfarrei u. s. w. Auch hier erkennen wir deutlich, wie die Gemeinde, insbesondere auf einen geordneten Finanzhaushalt bedacht, sich entsprechender Beamten bedienen musste. Im Rothenburgischen werden die Heiligenpfleger („der Heilige", sozusagen eine beliebte Personifizierung deutscher Rechtsanschauung für ein abstrakteres „Kirchenvermögen") durch die Gemeinde gewählt in Gegenwart von Schultheiss, Landvogt und Dorfmeistern, also in feierlicher Weise. Die Verpflichtung war Sache des Vogtes. Alle sieben Jahre legten die Heiligenpfleger der Gemeindeversammlung und dem Vertreter des Rates ihre Bücher vor (Bensen, H. U. 378). Ein gotshaußmeister kommt auch in Lauda vor (Oberrh. St. R. I, 3, 187). Dort muss aber alle Jahre Rechnung abgelegt werden (Art. 9 der St. O. von cc. 1500). Neben anderen Beamten wird der gleiche Name auch in der St. O. von Tauberbischofsheim 1527, Art. 13, genannt. Die Heiligenpfleger haben oft stiftungsgemäß Priestern aus der ihnen anvertrauten Kasse Besoldungen auszuzahlen. Vgl. für das gräflich Wertheimische Gebiet (Jahr 1503) eine Verpflichtungsurkunde (W. F. 4, 1, 235), wo es heisst: „Zur Belohnung erhält er (der Priester) neben . . . . . 26 fl. jährlich von den Heiligenpflegern der Kirche". Oder bei Schönhuth, Creglingen. 110 für Freudenbach bei Mergentheim: „1507 H. Schr. und seine Hausfrau stiften einen Jahrstag mit einem Holz . . . der Pfarrer soll noch einen Priester dazu nehmen und der Gottesmeister beiden ein Ort (Viertel) eines Gulden dafür geben." An diesem Amt wollten die Bauern gar manches reformieren: Vgl. Baumann 179: „Item die hailigenpfleger sollen an allen orten gleich zwen. ainer von den erbern und der ander von der gemaind, alle des rats genommen werden, die darumb gepurliche pflicht tun sollen." Radikaler als solches billige Verlangen ist das der Schneider in Rothenburg 1525 (Baumann 133): „Idem das hailigengelt und bruderschaftsgelt soll in ainen gemain nutz gewendt werden."

12. Die Steurer zur Eintreibung der Steuer auf dem Lande. Verpflichtung und Vereidigung durch das Steueramt Rothenburg (Bensen a. a. O. 378).

13. Die **Schieder** sind die vereidigten Markscheider (schied = Grenze; Grimm VIII, 2675). Sie „müssen von einer gemaind wegen schieden". (Wachbach 95.) Der Schiedeverrichtungen gedenken auch die D. O. von Ebertsbronn und Edelfingen.

14. Die **Feuerbeseher** bilden in Wachbach eine besondere Kommission: „Ittem ob die Fewrbeseher khommen Inn ein Haus vnd do fundenn . . . ." Sie hat die Schlöte, Ofenlöcher, Backöfen im Orte genau zu besichtigen. Eine Vermutung über die Zusammensetzung dieses Gemeindeausschusses siehe oben unter Dorfmeister.

15. Eine ganz besondere Bedeutung haben die **Schöffen**, **Zwölfer**, manchmal auch „**Schützen**" genannt. Da aber ihr Wirkungskreis ein ganz speziell gerichtlicher ist, so genüge hier einstweilen ein Hinweis, da wir an entsprechender Stelle auf sie zurückkommen müssen.

Auch weitere Beamte, die zwar mit der Dorfgemeinde in engste Fühlung treten, deren Aemter aber einen spezifisch landes- oder auch grundherrlichen Charakter tragen, als Amtmann, Schultheiss, Vogt, Kastner, Keller etc. und Pfarrer, sollen an anderem Orte besonders behandelt werden.

5. Abschnitt.

Die gemeine Mark.

1. Die Markgenossenschaft.

Armselige Trümmerhaufen des einst stolzen Gebäues der Markgenossenschaft ragten noch in unsere Zeit herein. Einst schien es für alle Ewigkeit bestimmt zu sein, denn nicht durch Kunst und Zwang, aus innen heraus, aus Anfängen wirtschaftlichen Lebens und allgemeinen Bedürfnissen hatte sich dieses Rechtsgebilde gestaltet. Einigkeit und Gemeingeist hatten die Bausteine zusammengefügt. Endlich haben aber doch andere Zeiten langsam Stück für Stück abgebröckelt, um den kleineren Sonderbau einer neuen ländlichen Verfassung daraus erstehen zu lassen. — Schon die Zeit, von der wir hier zu reden haben, sah die alten Formen fast überall gebrochen. Um uns dies Einst zu vergegenwärtigen, müssen wir aber weiter ausholen.

Die innere Organisation des fränkischen Reiches wurzelt in der alten Gauverfassung. Auch die Taubergegend war in diese

Gliederung einbezogen. Der Dubra-Gewe, Dubragaugensis pagus, Taubergau deckt sich einigermaßen mit unserem Gebiet, zu dem aber noch ansehnliche Teile von etwa 6 weiteren Gauen (insbes. des Mulachgaues) gehören. An der Spitze des Gaues stand ein Graf. Es zerfiel ein solcher pagus in Hundertschaften oder Cente. Inmitten dieses Hundertschaftlandes machte sich nun frühzeitig ein Gegensatz der Ansiedlungen (Dörfer, Höfe) und Marken bemerkbar, indem die zunächst im Umkreis einer solchen Ansiedlung liegenden Fluren von dieser aus okkupiert wurden und so aus dem allgemeinen Land auszuscheiden begannen. Daneben konnte aber, wenn nicht alles eben aufgeteilt wurde, ein Komplex übrigbleiben, der diese Ringe in sich schloss und allen diesen Ansiedlungen noch gleichermaßen zustand. Eine solche Verbindung hiess Markgenossenschaft. Sie war meist auf das Land gegründet, das der Kultur jener Zeit am meisten widerstand und deshalb einer ersten Aufteilung entging: Wald, Moor, Teiche, Torflager, das aber mit besserer wirtschaftlicher Entwicklung an Wert gewinnen musste. Oft genug Anlass zu heftigen Streitigkeiten zwischen den beteiligten Gemeinden, sah die spätere Zeit die Aufteilung dieses Genossenschaftslandes rüstig vorwärts schreiten, und nur eine einzige solche Markgenossenschaft vermochte in unserer Gegend ihr Dasein in die neuere Zeit hinein zu fristen, die sog. **Markgenossenschaft auf der Hard.**

Diese hochinteressante Körperschaft, wie wir diese Einung heute wohl nennen würden, wollen wir näher ins Auge fassen. 5 Dörfer mit Namen Adelshofen, Bettwar, Gattenhofen, Hart und Tauberscheckenbach waren bis 1404 in einer eigenartigen Verbindung, die sich auf einen **gemeinschaftlichen** Besitz von etwa 2000 Morgen Wald und etlichem Weideland gründete. Der freie Adel sass auf seinem Schloss neben dem Bauernhaus des freien Ackermannes in den Dörfern mit genau denselben Rechten dieser allgemeinen Mark gegenüber. Den Zehnt bezogen weder Adel noch Kirche. (Bensen H. U. 463.) Eine Sage liess wohl diesen Gemeinbesitz durch Stiftung einer Frau aus dem Geschlechte der Küchenmeister von Rothenburg und Nortenberg (Genealogie s. Bensen a. a. O. 432 ff.) entstehen, doch wird wohl an oben geschilderter allgemeiner Entwicklung festzuhalten sein. Wie gesagt, scheinen aber Zwistigkeiten unter den anteilnehmenden Dörfern nicht ausgeblieben zu sein, vermutlich schon deshalb, weil solche einzelne Rechte nicht fixiert waren. Im Jahre 1404 an St. Andreastag begann denn die alte Einrichtung zu wanken, indem zwischen Bettwar und Gattenhofen ein Vergleich zustande kam, wonach Gattenhofen die ihm nahegelegenen Hölzer von 220 Morgen erhalten solle, Bettwar das Haldenholz von 124 Morgen, doch mit dem Beding, dass stets „auf jedem Morgen 12 Stammreiser stehen blieben". (Bensen a. a. O. 463, Schönhuth, Creglingen 98.) So stand es um die „Hard" in unserem Jahre 1525. Verfolgen wir aber ihr Geschick noch weiter, so müssen wir bereits 1554 eines neuen Vergleichs gedenken. Es „begehrten Bettwar und Tauberscheckenbach ihren Anteil an der Gemeindeweide heraus, um ihn in Aecker zu verwandeln". Durch einen Rothenburger Ratsbescheid vom 7. Mai d. J. wurde es ihnen auf einige Jahre gestattet. (Bensen a. a. O., Schönhuth a. a. O. 99.) Streng rechtlich betrachtet, also noch zusammengehalten, augenscheinlich aber zu tot getroffen, verfiel die alte Markgenossenschaft doch erst 1760 dem Los einer völligen Zerstückelung, indem jede Gemeinde soviel Land Morgen für Morgen zugewiesen erhielt, als sie im Verhältnis der Zahl der Nutzungsrechte beanspruchen konnte. (Bensen und Schönhuth a. a. O.)

Es sind indes, und zwar in ziemlich nachweisbarer Zeit, Verhältnisse später noch entstanden, die im letzten Grunde einer Markgenossenschaft sehr ähnlich sahen. Unsere Gegend ist überreich an sog. „abgegangenen Orten", Dörfern und Weilern, die in schweren Kriegszeiten von der Erde verschwunden sind. Solcher Orte verzeichnet die O. A. B. S. 315, 316 eine ganz bedeutende Zahl, dazu kommen noch Namen untergegangener Orte, die sich in Flur- und Waldabteilsnamen (O. A. B. 316, 317) erhalten haben.

Wohin kamen nun die Markungen solcher verwüsteten Ansiedlungen? Es gibt zweierlei Möglichkeiten: entweder die Bewohner des alten Dorfes siedelten sich da und dort in den Nachbarorten an und verfolgten von da aus ihre Rechte weiter oder, wenn die Berechtigten nicht mehr lebten oder verzogen waren (im 30j. Kr. sind z. B. ganze Dörfer ausgestorben), okkupierten umliegende Dörfer den herrenlosen Besitz, indem rasches Zugreifen entscheiden mochte. Wie das immer im einzelnen Falle sich gestaltete, ist schwer oder gar nicht nachzuweisen. So sieht man denn z. B. 3 Dörfer: Dunzendorf, Wermutshausen und Wildentierbach im Gemeindebesitz der Markung des abgegangenen Ortes Hohenweiler (angeblich von den Herrn v. Rosenberg im 16. Jh. zerstört). Die besitzenden Gemeinden verwandelten dies Land in einen Gemeinwald und schlugen alljährlich in Gemeinschaft ihren Holzanteil. Das hiess man bezeichnenderweise das „Saufrecht" (Trinkrecht), denn aus dem Erlös des verkauften Holzes fand nach der Reihe in einem der vereinten Dörfer ein Trinkgelage statt, dem Männer und Weiber gleichermaßen huldigten. Dieser eigenartige Verband vermochte sich bis 1840 zu erhalten, da aber liessen sich die einzelnen Gemeinden ihre Anrechte zuteilen, und in Wermutshausen sind die Holzrealrechte einzelner an ihre Stelle getreten. (O. A. B. 832 ff.)

2. Die gemeine Mark im besonderen.

Nachdem der grössere und wertvollere Teil des Dorflandes als Sondereigen verteilt war, blieben doch noch Flächen, die sich der Kultur nicht augenblicklich dienstbar machen konnten, der Gemeinde als Eigentum zur gesamten Hand erhalten. Es war das vornehmlich Wald- und Weideland. An diesem Dorfeigen hatte jeder Mann im Ort ein Recht der Nutzung, ursprünglich ein völlig unbegrenztes. Man schlug aus dem Walde heraus, was man eben brauchte.

Dieses Land ist die sog. Allmende (= „was aller Mannen ist"), auch gemeine Mark, Dorfmark (marka, ahd. marcha Grenze, Gebiet), in unserer Gegend auch „Heingereide" (Schröder, R. G. 3. A., 421 Anm. — Krautheim-Ballenberg, Oberrh. St. R. I, 3, 204) genannt.

Wald und Weide waren die bedeutsamsten Teile der Mark; aber ursprünglich bildeten auch Fischwasser, Teiche, Seen, Ackerland, Heide, Wege, Moorland, Torflager etc. und selbst Rechte, wie Jagd und Fischerei, Bestandteile derselben, bis die letzteren sich zu landesherrlichen Regalien gestalteten. Wieviel sich davon in der Gegend an der Tauber erhalten hat, wird sich noch im einzelnen ergeben.

Das Ideal einer Allmende mit allgemeiner Markberechtigung sämtlicher Dorfinsassen hat sich in unserer Gegend bis gegen die Zeit der Bauernerhebung hin da und dort erhalten. So heisst es im Weistum von Königheim: „darnach sprachen sie, daz die holzer und die bach seien eine rechte gemein, und der arme als gut recht darin hat als der reiche, der da in dem Dorf gesessen ist." So sagt auch noch die G. O. v. Bettwar (1517): „Item am erstenn dess Holz halbenn Das soll man Jerlich außgebenn vnnd außtailen dem armen als dem Reychenu."

Einen Riss in das alte System gab aber zunächst schon die Vermehrung der Bevölkerung im Dorf. Diese verstärkte ein Zuzug von aussen, namentlich Gewerbsleute (Metzger, Bäcker. Wirte u. s. f.), dann auch Taglöhner und Häusler in sich begreifend. Teils erstanden nun die Tochterdörfer innerhalb der Markgrenzen, wobei jenen nun auch ein Teil der Allmende zufloss, teils aber erwuchs um den inneren Ring der Allmendberechtigten eine zweite Klasse von Dorfinsassen, die einfache Ortsbürger ohne solche Anteile waren. Kurzum, der engeren Realgemeinde stand bald die weitere Ortsbürgergemeinde gegenüber. Das erscheint auch als Regel. Von dorfherrlicher Seite treten noch spät Versuche hervor, die alte Realgemeinde des Dorfes zu sichern, indem z. B. die Edelfinger Ordnung (1601) erklärt: „Es soll auch hinfüro ohne unser Vorwissen und Bewilligung Kein Hausgenoss im Flecken angenommen, noch geduldet werden bei Straf 10 fl. (!)". Dort war die Gemeinde bereits drauf und dran, die gemeine Mark zu verteilen: „Item, dass ihr eures Gefallens die gemeinen Güter gereutet, unter euch ausgeteilt —."

Die Markgerechtigkeit blieb ein Zubehör des Hofes, auf dem sie von Anfang an ruhte. Jeder augenblickliche Inhaber, „Gemeindsmann", übte das Recht aus. Wurde ein Hof zerstückelt, so blieb ein Recht zur gesamten Hand, und kamen mehrere Höfe an einen und denselben, so legten sich ebensoviel Rechte zusammen. Diese Stetigkeit des Rechtsobjektes gegenüber der es augenblicklich beherrschenden Persönlichkeit hat sich bedeutsam ausgedrückt im Gebrauch der Hausmarken und in den bis heute lebenskräftigen Haus- und Hofnamen. Der Bauer hat wohl einen Familiennamen, nach dem er heute „sich schreibt", aber jedermann im Dorfe nennt ihn nach dem Namen seines Hofes, wie auch der Adel einst nach dem Besitztum genannt wurde.

Es war nun möglich, dass der einzelne selbst direkt seinen Anteil hinwegnahm (Einteilung nach „Schlägen"), oder dass die Gemeinde den Allmendenzins in diese Teile zerschlug. Natürlich wurden mit der Zeit diese Rechte in der Hand des einzelnen zu Wertobjekten, die man nach Belieben kaufte und verkaufte. So ergab sich die Notwendigkeit, die Veräusserungsmöglichkeit bei dem allgemeinen Gemeindeinteresse wenigstens insoweit hintanzuhalten, dass sie nur Ortsansässigen gegenüber rechtskräftig werden konnte. (W. F. 7, 73.)

Dergestalt war die Gemeindewaldung von Pfitzingen, ein ansehnlicher Wald von 300 Morgen, in Händen einer Realgemeinde. In Schön finden wir 9 Gemeinrechte, die sich an 2 „gemein Hut", „1 Morgen Gemein Wießen", „10 und 6 Morgen Gemeinholz" beteiligen. Die Anteile sind folgendermaßen verteilt: „ein Bauren Hof hat all Jährlich Zwey Gürtten (= Waldabteilungen) und ein Köbber eine gürten Aus dem Gemeinholtz. Die Stand Reißer und das Graß sind Gemeinschaftlich." Ueber das Ackerfeld findet sich folgende bemerkenswerte Notiz: „ist Vor langer Zeit in neun (vgl. oben!) Gemeine Recht Vertheilet Worden. sind Zehent frey." Es ist also die Erinnerung wach geblieben, dass auch die Ackerflur ursprünglich Allmendland gewesen ist, und ist eine solche Teilung vorgenommen worden zu einer Zeit, da die Anzahl der Realrechte ganz die gleiche war.

Es hat einiges Interesse, zu verfolgen, wie sich solche Zustände heutzutage gestaltet haben, schon um einen Rückblick zu gewinnen. Wo heute noch eine Allmende besteht, bestand sie auch zweifellos im 16. Jh. Der O. A. B. (220) zufolge sind im O: A. Mergentheim heute noch 21 (unter im ganzen 48) Gemeinden mit „Allmanden", freilich manchmal recht unbedeutenden, vorhanden. Letztere sind entweder gegen einen mäßigen Zins, in Igersheim auch ohne solchen, an die betreffenden Bürger verteilt. Den höchsten Ertrag liefern sie in Elpersheim: 1800 M. jährliche Pachtsumme von 250 Morgen Allmanden, wobei noch weitere nicht unbedeutende ausserdem verteilt sind. (Vgl. im einzelnen O. A. B. 455, 529, 632, 653, 660, 663, 672, 682, 701, 704, 733, 742, 832.) Hilgartshausen, ein Dorf ausserhalb dieses Bezirkes, weist von 45 Ortseinwohnern 33 Nutzungsberechtigte an der Gemeindeweide auf, 2 kleine Acker, etwa 1 Morgen Wald, im ganzen 60 Morgen, sind heutigen Tages noch Gemeindeeigentum (Mdl.). In Württemberg spricht man von „Gemeinderechten"; im Badischen existiert noch da und dort ein „Gabholz" (göbholz) oder die „Bürgergabe".

Um 1525 besaßen also noch zahlreiche Dörfer ihren Gemeindewald, für dessen Instandhaltung manche Satzungen in den Dorfordnungen Sorge trugen. Sie richteten sich nicht bloß gegen Beschädigung und Forstdiebstahl, sondern sie versuchten auch festzulegen, was die Allgemeinheit dem Gemeindeholze entnehmen dürfe. Z. B. Schön 4: „Auß dem Gemeinholtz ist einem Jeden G e m e i n ß M a n n Erlaubt in seine Haußhaltung nöhtige Beßenreißig

Bast Waagen Leuxen (zum Auflegen für die Leiterwägen, zwischen die Räder gesteckt) Sprüß (ein Wagenteil früherer Zeit) und Radel (Radelprügel, dgl.). Wie auch Butten und Kübel Reif. Zu Hauben. solte aber einer oder Mehr Dem Gemeinholtz über daß erlaubte Etwaß Entwenden, der solle der gemein nach Befinden des Schadens Buß Zu geben Schuldig sein."

Bettwar: „Item ain yeglicher soll macht habenn In den gemain Holz Zu hawben Raiff Zu einem faß Zwayen oder dreyen zu seiner notturfft zu bynadenn, deßgleychen krebel (?) oder gelln Rayffen auch Ain layterpawm oder Zwen —. Auch zu seiner notturft, wo es Aber gemaind suust weyter verkawffen wöllt soll die puß sein Zway pfundt."

Zweifellos waren die Nichtberechtigten an der Allmende in einem wesentlichen Nachteil. Sie begründen eigentlich eine Art von ländlichem Proletariat. Es erwächst so auch auf und im engeren Kreise, dort besonders fühlbar, ein Unterschied der Klassen. Im Bauernkrieg sehen wir dies ländliche mit dem städtischen Proletariat Schulter an Schulter für eine Neuordnung auch der Markverfassung kämpfen.

3. Beschränkungen der Allmende.

Das erste, was der Allmende sehr bald schon verloren ging, war mit Entwicklung der Regalien Jagd- und Fischereirecht, die der Landesherr, seltener auch der Grundherr, für sich beanspruchte. Die Landfrieden von 1395 und 1398 erklärten die Jagd für ein ausschliessliches Recht der Fürsten, des hohen Adels, der Städte und der Geistlichkeit, und auch das Fischereirecht ging fast überall verloren. Aber auch die Grundherren, gestützt auf grösseren Besitz, den natürlichen Einfluss in der Gemeinde missbrauchend, andrerseits aber vom Landesherrn in politischer Berechnung eher gefördert als niedergehalten, mindestens geschont und unangetastet, wirkten an der Zersetzung der Allmende. Wo sie nicht Teile derselben selbst an sich bringen konnten, gelang es dem Landadel doch gewiss, sich in ein bevorzugtes Nutzungsverhältnis hineinzuarbeiten und die Gemeindeglieder in dem ihrigen hintanzusetzen und ihre Anteile an eigene Mitwirkung und Genehmigung zu knüpfen. (Vgl. Reinhard Zöllner, Zur Vorgeschichte des Bauernkrieges.) Eine solche Erlaubnispflicht zeigt z. B. bereits das Weistum von Stetten (1409).

„werez sache daz miner frawen schultheisz eine nachgebure im dorfe buweholz erlaubte zu hauwen, und daz er dez nie verbüwete, so hette mine frauwe adir die iren von iren wegen dit gewalt ime zu gebieten, daz holz in 14 tagen zu verbuszen."
Die Forderungen der Bauern sind vor allem darauf gerichtet, solche verlorene Dorfmarkrechte wieder zu gewinnen. Was der 5. der oberschwäbischen Artikel will, was Friedrich Reisers „Reformation" eindringlich predigt, das hat auch der Rothenburger Bauer 1525 auf sein Programm gesetzt (Baumann-Zweifel 134): „Zum sechsten beclagen und beschwern wir uns deß das hinfur alle wesen und holzer ainem yegklichen frey sein sollen und werden, dem armen, als dem reichen." Vgl. auch a. a. O. 124: „Zum newnten wurd begert, wie auch naturlich und gottlich ist, das alle holzer, die gemainer statt angehörig, frey sein, das auch ain yegklicher burger seiner noturfft nach abhowen, in seinem haws prennen und pawen mag." A. a. O. 182: „Item wa ain clag oder mangel an holz, daran und mit ain gemaind beschwert, und dero nutzung verhindert, etc., das soll von gemelten new erwelten rat auch bewilligt werden." Solche Klagen und Forderungen sind aber offenbar eben nicht bloß gegen die Adeligen gerichtet, sondern wenden ihre Spitze überhaupt gegen jeden, der ein, wenn auch noch so beschränktes Nutzungsrecht an der Mark geniesst Viel Waldbesitz war oft schon seit langen Zeiten auf anderem Wege in die Hände von Grossgrundbesitzern gekommen: so hat das Spital zu Mergentheim einen eigenen Wald beim Uettingshof, der einem besonderen Hüter unterstellt ist. Der Wert des Waldes lag Landes- und Grundherren vor Augen, diese vermochten auch eine regelrechte Forstwirtschaft einzurichten, da sie bei grösseren Umtriebszeiten für eine Zukunft haushalten konnten, während die Bauern trotz aller Vorschriften gegen einzelne Beschädigungen, in möglichster Ausnützung des einzelnen Rechtes sich keinem rationellen Wirtschaftsverfahren anpassen mochten. Auch der Sieg über die Bauern wurde von oben ganz besonders dazu benutzt, Gemeindewald der Territorialherrschaft zuzuführen. So ergeht für Krautheim und Ballenberg (Oberrh. St. R. I, 3, 203 ff). folgender Erlass: „Und nachdem etlich gemein holtzer zu Crautheim, der eine der Hoheberg, das ander das Gemeinholtz genant wirdet, so unsern underthanen daselbst zu Crautheim und zum theil dem abt zu Schontall geboren und zustendig seien, die dan bißher gehept und einem iglichen,

der ein neu hauß gebawen, acht holtzer, welcher ein schewer gebawen hat, vier holtzer zu seinem bau durch burgermaister der zeit gegeben ist und sie dann **nunmehr aller irer privilegien und freiheiten privirt** sein, so ist unser meinung und wollen, das hinfurther unser amptmann und keller solche holtzer **zu unsern handen nemen und behalten**, einen forster daruber setzen, so auch einem ieden unsern underthanen zu bawen oder sunst etwas brenholtz notturfftig weren, soll inen uff ire ansuchen zimlich bau und brenholtz, doch **im waldt am unschedlichsten ort**, ieder zeit gegeben werden, und dermaßen insehens haben, damit die obgemelt welt u. holtzer nit, **wie bißher gescheen, so gar verhawen, verwust u. verderbt werden**." Als eine Gnade und Wohlthat war es anzusehen, wenn lediglich die Verwaltung, nicht auch geradezu das Eigentum den Gemeinden entzogen wurde. Ersteres war auch der Fall in Tauberbischofsheim (a. a. O. I, 3, 297):

„Versehung der statt Bischofsheim welde wollen wir **auß sondern gnaden** die unsern von Bischoffsheim dabei, wie herkomen, pleiben lassen doch das dieselben Welde durch unsere amptmann, kellner, zentgraven und die zwolffer samptlich der noturfft zu versehen und zu **beforsten** bestelt werden." So wird auch nach der Schlacht von Königshofen dem Dorf Winzenhofen bei Tauberbischofsheim als Strafe der Beteiligung am Aufstand sein Wald genommen, so dass heute noch dasselbe kein Eckchen Wald besitzt. (Berberich 413.) Das mag auch anderen Gemeinden vielfach als harte Buße auferlegt worden sein, wo dies im einzelnen nicht nachzuweisen ist. Ein Nutzungsrecht der Herrschaft am Gemeindewald hatte sich in Gerlachsheim entwickelt. (Protokollbuch): „Von dem Gemeinholz gehören dem Kloster auch gewisse Laub und mit solchen Lauben kann der Pförtner im Kloster beholzt werden."

Oben ist bereits angedeutet worden, wie Jagd-, Fischereiund Wasserrecht den Gemeinden verloren gingen. Das geschah schon in früher Zeit, und nicht leicht ein Dorf kann mehr in eignen Bächen und Weihern fischen u. s. w. Nur die kleinen Landstädte unserer Gegend hatten sich einzelnes gerettet. In Grünsfeld (Berberich 310) steht aber die Jagd auf der ganzen Gemarkung und die Fischerei in der Grün- und Wittigbach der Herrschaft zu. Würzburgisch ist ferner das Fischwasser zu

Röttingen (Wieland, Röttingen 78). Ausnahmsweise ist statt der Landesdie Gutsherrschaft im Besitze der Rechte, wie in Gerlachsheim (Protokollbuch): „Alle Jagenß Gerechtigkeit und Vogelherrth auf Gerlachsheimer Marckung gehört dem Closter, den Forellen Bach, so anfangt, da sich Grünsfelder Marckung endet ober der sauren Holtz Mühlen und wehret herab bis in die Tauber, den hat daß Closter allein zu fischen." (p. 69.) Einzelne Rechte verzeichnet das Saalbuch für Röttingen (Wieland 78) noch für die Zeit nach dem Bauernkrieg: es durfte „ein Jeder Burger Zue Röttingen alle Freyttag Vom morgen an, bis Zue mittem Tag, allein mit einem Hammen fischen". In Tauberbischofsheim war die Fischerei ursprünglich frei, doch bestimmte 1527 Mainz (Oberrh. St. R. I, 3, 297; Berberich 108): „Dieweil auch die unsern von Bischoffsheim sich durch ire bewiesen ungehorsam der Bischoffsheimer bach, darin ferrer zu fischen, neben andern freiheiten verwirckt haben, behalten wir uns dieselbig bach und fischerei befur, also das die unsern zu Bischoffsheim die ferrer nit zu geprauchen haben sollen." In Tauberzell gehört das Fischwasser der Gemeinde. (Schönhuth, Creglingen 101.) In der Grafschaft Wertheim war der „Wildbann" einschliesslich „Vogelfang" und „Vogelweide" nebst der Fischerei allein in der Hand des Grafen. Das Recht des Wildbanns schloss eine Reihe wichtiger Rechte noch in sich, der Inhaber hatte auch die „Befugnis, von den Hintersassen Jagddienste, Jagdfuhren, Jäger-Atzung zu verlangen, Wald- und Forstordnung zu machen, Förster zu setzen, Holz zu schlagen, Eicheln, wildes Obst zu lesen, überhaupt die Waldungen zu benutzen". (Aschbach 395.) Durch ein Privileg Kaiser Maximilians I. 1507 war Rothenburg das Recht des sogenannten „kleinen Waidwerkes" verliehen worden. (Bensen H. U. 308.) Wie kompliziert die Rechtsgestaltung im einzelnen gewesen sein mag, zeigt, dass Fries zu Registraturzwecken sich veranlasst sah, eine eigene Schrift „wiltpann" über Forst- und Wildbannverhältnisse zu verabfassen („leit in der laden, ‚forst, welt, wildbann' im stuble in der cantzlej"). (Vgl. Rockinger 167 ff.) Auch an diesem Punkt suchen die Bauern verlorene Rechte wieder zu erlangen, und schon lange vor dem Bauernkriege wollen die Mergentheimer Bauern „die sogenannte Wiese, sowie den Forellenbach von Neunkirchen bis an die Tauber, welche ihnen von der Herrschaft gewaltiglich abgenommen worden". In Rothenburg tritt man dann 1525 für alte Gemeinderechte ein; man verlangt, „das alle waid und fliessende Wasser, welche von alter her zu gemainer statt gehört haben, wiederumb frey gelassen werden und an ainen gemainen nutz gewendt" (Baumann 124). Was Hans Böhm, der Pauker von Niklashausen, gepredigt (Barak 53): „Item wie die fisch in dem wasser und daß wilt uff dem Felde sallen gemein sin", wird auf kleine Weile zur Wahrheit: Während des Bauernkrieges entstehen „Artickel, so die graven von Hohenloe mit iren bawrn angenommen hand" (Wortlaut b. Oechsle, Bauernkrieg in den schwäbischfränkischen Gränzlanden 267, 10), darunter „Item ain yeder sollt macht haben, das wildpret zu schießen". (Baumann S. 158.) Wie vor 50 Jahren der Bauer es als besondere Genugthuung empfand, eine alte verrostete Flinte um die Schulter, den Wald zu durchstreifen, so mags ihm auch damals zu Mute gewesen sein. Man will, „das alle wiltnuß aim yegklichen frey zu lassen zu jagen und zu schießen" (Rothenburg, Baumann 123).

Auch die Weide, über deren Benutzung die Dorfordnungen von Finsterlohr, Bettwar, Dettwang und Schön ihre Vorschriften geben, ging da und dort, wenigstens zu gewissen Teilen, der Gemeinde verloren. Vgl. für Rothenburg die oben zitierte Forderung. 1525 gehört die Weide zu Mergentheim dem D. O. daselbst, der daran denkt, sie dem damals bestellten Nachrichter zur Ergänzung seiner geringfügigen Besoldung zu leihen. (Schönhuth, Mergentheim S. 54.) Die Winterweide zu Heckfeld gehörte dem Kloster Gerlachsheim nach dessen Protokollbuch.

Als empfindliche Last ruhten auf den Dörfern die herrschaftlichen Schäfereien. Die Mergentheimer Bauern verlangten deshalb „die Schäfereien abzuthun, es sei evangelisch oder nicht". (Schönbuth, Merg. S. 47.) Aehnlich hat das Recht des „Schaaf-Triebs auf Gerlachsheimer und Kützbrunner Markung allein" das Kloster Gerlachsheim (Protokollbuch). Hohenlohe unterhielt eine grosse herrschaftliche Schäferei zu Herbsthausen (W. F. 7, 131), die Rosenberg eine solche in Neubronn (W. F. 7, 134) und das Kloster Bronnbach in Uissigheim (Gemeindearchiv). Würzburg hatte das Schäfereirecht in Röttingen. (Wieland, Röttingen 78.)

Zweiter Teil.

Das Abhängigkeitsverhältnis.

1. Abschnitt.
Allgemeine Entwicklung.

Die allgemeine rechtsgeschichtliche Entwicklung, wonach die kgl. Rechte in der mehr und mehr um sich greifenden feudalen Verfassung aufgingen, hat sich auch in unserer Gegend vollzogen. Allerkleinste Territorialgebilde treten auf und innerhalb derselben dann Lehensleute mit Befugnissen, deren Umfang kaum viel unter denen dieser kleinen Landesherren zurückbleibt. Gewisse kgl. Rechte bringen letztere überall in ihrem Ländchen zur Geltung, aber das Lehenswesen hat bis in die kleinsten Verhältnisse hinein sich eingenistet, so dass am einzelnen Orte ein Nebeneinanderlaufen und Kreuzen landes- und gutsherrlicher Rechte sich erweist. Oft genug sind auch Landes- und Grundherrschaft ein Ding gewesen. Es war ein Boden, wie geschaffen zur Entwicklung der Grundhörigkeit. In einem Territorium von gewisser Grösse, wie z. B. in Bayern, wo der Abstand des die Einheit repräsentierenden Fürsten gegenüber den Herren naturgemäß eher respektiert wurde, waren die Grundherrschaften noch verhältnismäßig leicht im Schach zu halten und gegeneinander auszuspielen. Hier aber in den engen Grenzen erhob der einzelne Lehensmann schon kühner sein Haupt, und vereint stellte ein solcher Lehenshof eben einen Staat im Staate dar. Das Schalten und Walten des Lehensmannes in seinen Dörfern war so frei wie das des Territorialherrn in den ihm vorbehaltenen. Auf die Stände war der Landesherr angewiesen, dazu teilte er vielfach mit ihnen gleiche Interessen. Namentlich die Klöster unseres Gebietes sahen sich im reichen Besitz aller möglichen Rechte. So hatte sich im Laufe der Jahrhunderte durch zahllose Vergabungen und Verleihungen zwischen eine nicht überviel bedeutende Territorialgewalt und die ländliche Bevölkerung eine Zwischenherrschaft geistlichen und weltlichen Standes eingeschoben, deren Stellung in Zeiten grösster persönlicher Unsicherheit der landsässigen Leute gerade von diesen eigentlich vollends etabliert worden ist. Man suchte und fand den „breiten Schatten, unter dem sich's im Schutze des Mächtigen ruht" (J. Grimm). Man unterscheidet im allgemeinen etwa diese rechtlich-wirtschaftlichen Prozesse:

1. Der Bauer übergibt seinen kleinen Eigenbesitz dem grösseren Grundbesitzer, um aus dessen Hand solchen als Lehen zurückzunehmen, wofür ihm Anspruch auf Schutz seines Lebens und Eigentums zugesichert wird.

2. Ein spezieller Fall von 1. ist: Der Bauer begibt sich mit Person und Eigen in ein Abhängigkeitsverhältnis zu den hochbegünstigten geistlichen Stiftungen, womit man zugleich den Lohn des Himmels zu verdienen glaubt. Solche Gotteshaus- und Klosterleute treten in vielen Urkunden unseres Gebietes auf. Man suchte gern dies mildere Vertragsverhältnis nach dem alten Satze, dass es sich unter dem Krummstab gut wohnen liesse. Die geistlichen Stände vermochten ihre Ansprüche für sich allein auch nicht so streng durchzuführen als die weltlichen Grossen, und dem Einzelnen verblieb eine grössere Freiheit der Bewegung.

3. Als häufiger Fall von 1. und 2.: Man suchte der Last der Heeresfolge sich zu entledigen, indem man die dem Ackersmann weniger drückend erscheinende Abhängigkeit mit Abgaben und Diensten erwählte.

4. Leute ohne oder mit nur unbedeutendem Besitz werden als Kolonisten und Pächter für einen Teil des Grossgrundbesitzes eines Herrn angenommen, wobei Abgaben und Dienste als Aequivalent ausbedungen werden.

Es waren das also ursprünglich Vertragsbestimmungen freier Männer, bei denen jeder Teil glaubte, seinen Vorteil gefunden zu haben. Die einzelnen Bedingungen der Lage mochten auch im Anfange auseinander gehalten werden, aber mit der steigenden Macht lag dem Gutsherrn nichts mehr daran, die einzelnen feinen Nüancen dieser Abhängigkeitsverhältnisse zu beachten; sie gehen im einzelnen in einander über. Gewohnheit siegt dann über ursprüngliches Recht, und aus dem vertragsmäßigen Verhältnis zwischen dem Grossen und dem Kleinen wird ein einseitiger

Rechtsanspruch des stärkeren Teiles auf persönliche und sachliche Leistungen.

Verschiedenheiten im persönlichen Abhängigkeitsverhältnisse erhielten sich, aber ihre Ausgestaltung stand weniger in Beziehung zu jenen ursprünglichen Bedingungen der Ergebung, als vielmehr im Verhältnis zu dem Maße, in dem der Gutsherr seine persönliche Auffassung solcher rechtlichen Dinge verwirklichen konnte.

Es sind Namen, die uns die gutsherrlich-bäuerlichen Beziehungen unserer Gegend zur Reformationszeit illustrieren; sie geben uns wertvolle Anhaltspunkte, im einzelnen aber musste doch alles so höchst persönlich und subjektiv sich gestalten, dass wir ruhig sagen können, dass die Gutsunterthänigkeit so viel Spielarten zuliess, als immer im Einzelfalle ein anderer Gutsherr, ein anderer Gutsunterthan sich gegenüberstanden.

2. Abschnitt.
Die Bevölkerungsklassen im einzelnen.

Es wäre äusserst wertvoll für unseren Zweck, wenn wir im Besitze zahlenmäßiger Angaben über die Bevölkerungsdichtigkeit jener Zeit wären. Doch ist es nun nur möglich, eine Angabe Zweifels (Baum. 597) für das Rothenburger Gebiet mit einer Schätzung der Gebietsgrösse um 1500 bei Bensen (Beschr.) zusammenzuhalten. Darnach belief sich die Zahl der „pawrn" in der lautwer" auf etwa 2000, die sich auf 6⅚/. Quadratmeilen verteilten.
(Im J. 1803 waren es 20 000 Einw. überhaupt, also Städter und Bauern zusammengerechnet, in 167 Ortschaften.)

A. Vollfreie Bauern.

Vollfreie Bauern, d. h. solche, die auf freiererbtem Grund und Boden sassen, von dem sie weder Zins noch andere Abgaben entrichteten, vom Edelmann nur durch geringeren Umfang des Eigengutes unterschieden, sind zur Reformationszeit auch in unserer Gegend nur Ausnahmen. Doch wäre es falsch, dies ins allgemeine behaupten zu wollen. Während in der Grafschaft Wertheim alle Bauern der Hörigkeit anheimgefallen sind (Aschbach I, 388), scheint sich im Rothenburgischen damals noch ein bedeutender Grundstock von Freien erhalten zu haben (Bensen II. C. 186). Das lag in der Entwicklung des freien Reichsstadtgebietes, dessen Verfassung dem Bauern freilich keinen Anteil am Regimente, aber doch einen der numerischen Stärke entsprechenden Einfluss zugestehen musste. Die Bedeutung des Bauernstandes im Rothenburgischen ehedem erhellt aus einer Urkunde: Als Rothenburg 1352 sich dem schwäbischen Städtebund anschloss, bestimmte Kaiser Karl IV., dass wenn „yemant Herren Edeln oder Landlüte wer der were" von der Stadt (Rothenburg) in das Bündnis aufgenommen würde, solcher auch mit dem Kaiser und seinem Sohne Wenzel verbunden sein solle. (Bensen K. B. 23.) — Freie Bauern saßen insbesondere noch in der Rothenburgischen Markgenossenschaft auf der Hard (Bensen H. U. 463) und „freie Reichsbauern" noch im alten Reichsdorf Althausen bei Mergentheim (O. A. B. 444 ff.). — Nach einer Zusammenstellung im Jurisdiktionalbuch von Bischofsheim von 1668 (Amtsregistratur Berberich 113) gab es in jenem Jahr und jenem Bezirk Freie allein nur mehr in Bischofsheim selbst (327 Haushalte) und in Poppenhausen (16 H.), während als gemischte Dorfschaften (Wenige Leibeigene neben Freien) auftreten: Königshofen, Dittwar, Dienstadt, Grossrinderfeld, Schönfeld (Verhältnis leider nicht zu ersehen).

Freihöfe hiessen auch in unserer Gegend Höfe, die Freiheit von allen Abgaben, auch von der Bede, genossen, selbst aber gültberechtigt waren, wie z. B. der Hof, der 1422 dem Röttinger Spital zugewiesen worden war. Vgl. Fundationsbrief des Spitals zu Röttingen 1422 (Beilage VI zu Wieland, R. S. 94 ff.)

B. Hörige.

Sehen wir ab von dem oftgebrauchten zusammenfassenden Worte „Unterthanen", dem vielleicht auch das „subditi" (= vasalli, Du Cange) einer Wertheimer Urkunde von 1457 (Krieger, Bad. Topogr. W. B. 451) gleichzusetzen ist, so lassen sich folgende Klassen der bäuerlichen Bevölkerung zwischen Vollfreien und Leibeigenen erkennen:

Landsiedeln, freie Zinsleute, in den Quellen häufig den Eigenlenten gegenüber gestellt. Ihr Besitztum war mit Gülten und Zinsen belastet. Eine Verpflichtung derselben, Fronden zu leisten, erwähnt das Weist. von Sonderriet, § 8: „wer es aber, das er dar über eins wagens oder zweier bedorfte, das ginge sin eigenlude und lantsiedeln an". Ferneres Vorkommen z. B. Weist. v. Königheim I, § 6, III, § 1, 9; Sonderriet § 4: „Coloni" in obengen. Wertheimer Urkunde ist lediglich die Uebersetzung von „Landsiedeln".

Auch „Hintersassen", „Hintersessen" (z. B. auch Weist. v. Königheim III, § 9) sind wohl nur weitere Namen für den Begriff der Landsiedeln, vielleicht auf eine vermehrte Abhängigkeit des Hofbesitzers und den Uebergang zur Stellung der minderfreien Vogteileute hinweisend: Die Hintersassen des Rothenburger Frauenklosters führen in ihrer „Supplikation" 1525 aus, dass sie „bißher vil gult, handlon, hauptrecht und anders entricht haben" (Zweifel b. Baumann 348).

Im Rothenburgischen begegnen wir noch dem Ausdruck „untersessen" (Zweifel 182, 190), der auch von Martin Cronthal in der Würzburger „Ritterlichen Anlag" stets gebraucht wird.

Mundleute ist Ausdruck für bäuerliche Unterthanen, die die besondere Schutzherrlichkeit („Schirmgerechtigkeit") eines Territorialherrn anerkennen und dafür ein bestimmtes Schutzgeld entrichten, so die von Tauberzell 15 fl. an das ansbachische Amt (Schönhuth, Cregl. 101).

Die Minderfreien erscheinen in mehrfach erwähnter Wertheimer Urkunde als „censiti" (= censuales) (dagegen sind die auch dort vorkommenden mansionarii dem Namen gemäß Hausdienstleute, also Leibeigene). Die hieher gehörigen „Vogtleute" stellt Aschbach (I. 388) wohl unrichtigerweise den Landsiedeln zur Seite. Diese Censiten haben nicht nur Todfall, Handlon und Buteil zu entrichten, ihnen ist auch die Freizügigkeit benommen.

Mit den Namen „Pflichtverwandten", „Verwandten" lässt sich wenig anfangen. (Zweifel 48 — einziger Beleg in Grimms Wrtrb. VII. 1769 — u. 113). Sie werden besonders neben den „Unterthanen" genannt. Daraus lässt sich schliessen, dass erstere in einem loseren Verhältnisse zur herrschaftlichen Gewalt standen, das sich nur in einzelnen Punkten mit dem eigentlichen Unterthanenverhältnis deckte.

Eine sehr allgemeine Bezeichnung ist auch die des „armen Mannes". Sie bezieht sich aber durchaus nicht bloß auf die ländliche gutsunterthänige Bevölkerung, ist noch weniger von vornherein eigentlich ein Sondername des unzufriedenen Bauern. Seit alters war es allseits gebräuchlich, in der städtischen und ländlichen Bevölkerung „arme und riche" zu unterscheiden. „Reiche" waren der freie Adel und die Bürger, die am städtischen Regimente teil hatten. (Vgl. Oberrh. St. R. I. 1, 19 u. 21; I, 2, 127). Auch die Rothenburger Handwerker sprechen von sich als dem „armen gemain man". (Vgl. b. Baum. 123, 126, 354, 362, 507). Wenn von den „armen Lenten" die Rede ist, so ist das eben der allgemeine Ausdruck, nicht etwa einer des Bedauerns, wenn z. B. Zweifel (Baum. 563) bei Erzählung der Brandschatzungen sagt: ..... an andre schwere u. merkliche straf, die die armen lewt leiden musten". Wie wir bereits bei der Allmende gesehen haben, hat sich auch auf dem Dorfe ein besonderer Unterschied der „Reichen und Armen" entwickelt im Zusammenhange mit Anteil oder Nichtanteil an der gemeinen Mark. „Arme Leute" und „Leibeigene" ist nicht notwendig dasselbe.

Der Bauer, der nicht auf seinem Eigen sitzt, trägt gegen jährliche Abgaben Herrschaftsgut zu Lehen. Dieses Lehensverhältnis erscheint als Mann-Recht oder als Zinslehensrecht. Vgl. D. O. von Edelfingen: „Und wenn also ein fremder im Flecken zu Burger oder Inwohner angenommen zu werden begert, soll ers zum vordersten sein Mannurecht und Erlichen Abschied, auch daß Er nicht Leibeigen sey, aufzulegen u. dann 6 fl. davon uns der Herrschaft 4 fl. und der Gemeind 2 fl. gebüren solle zu bezahlen schuldig seyn." Anderseits Weistum von Stetten: „darnach sprechen sie, werez daz iman wolte bestên dez waldes usz zu rüten, der solte das bestên u. miner frauwin schultheißen adir umb die iren, u. umb keinen heren mee, u. solte daz auch zinsen als andir ir zinsgut." Zur Illustrierung der Afterlehen sei noch Art. 15 der Laudaer Gewohnheitsrechte (Oberrh. St. R. I, 3, 193) herangezogen: „Item ein ieglicher, der ein gültgut einem einsetzen will, der soll das thun vor dem lehenherrn, so hat es kraft u. macht."

Das Lehen ist in rationeller Weise zu bewirtschaften. Es soll keine Lehensverschlechterung eintreten. Weist. v. Waltenhausen: „item, welche ungebaut gutere dae haben, sol mein herre von Wertheim oder sein gewalt ine gebieten die zu bawen; und theten sie des nicht, so sullen sie es alle virzehen tage, so lang u. es ungebaut stünde, verbüßen." Die Verwendung der Lehenserträgnisse hat nach gutsherrlicher Entscheidung zu geschehen: Weist. v. Stetten: „darnach sprechen sie, werez sache daz miner frawen schultheisz eime nachgebure im dorfe buweholz erleubte zu hawen, u. daz er dez nit verbüwete, so hette min frawe adir die iren wegen die gewalt ime zu gebieten daz holz in 14 tagen zu verbußen."

Gelegentlich jeder Neubelehnung ist dem Obereigentümer das Handlon zu entrichten, auf welches wir in der Reihe der bäuerlichen Lasten noch zurückkommen.

C. Leibeigene.

Leibeigenschaft wird vornehmlich begründet durch unfreie Geburt. Im Rothenburger Archiv findet sich in einem Sammelband unter der Signatur 1211 ein hiefür und für das Wesen der Leibeigenschaft in jener Gegend überhaupt bezeichnendes Aktenstück: „die Excepttion" einer „armen Witfraw", welche der Ritter und Amtmann Herr Zaisolf v. Rosenberg „der vermainten Leibaigenschafft anzeucht" und die der Rat dahin beschieden, sich „mit gedachtem Herrn Z. gutlich zu vertragen". Am Schlusse ihrer Eingabe an den Rat heisst es: „Nun dem allen sei wie jm well so wurdt vnd pin ich als ain freigeporen mensch derselbichen meiner freyhayt aus gutem glauben in Langem hergeprachten besitz." Wie sonst, z. B. auch in Heilbronn (Th. Knapp, Bemerkungen über südd. Leibeig. Württ. Vierteljahrshefte V, 1896 III, und IV, S. 371), scheint es auch in Rothenburg zu Recht bestanden zu haben, dass die Leibeigenschaft von mütterlicher, nicht väterlicher Seite die Kinder überkomme, indem z. B. jene Frau in ihrer Gegenbeweisführung speziell auf die Freiheit der Mutter zurückkommt. „die vor zehen Jaren todes verschieden Vnd davuor die selbig mein muter ob funffzig Jaren als ain burgerin in Ewer statt Heusslich vnd Heblich gesessen Vnd auch für ein frey mensch vnder andern freyen menschen geacht vnnd gehalten ward vnnd weder von Herrn Zeinsolffs Vatter seligen noch dem selbe Hern Zeinsolffe die selbig mein muter selig noch ich fur Leibaigen ine angezogen worden".

Ob, wie vereinzelt in Bayern, bei Ehen unter Leibeigenen und Freien die Folge der ärgeren Hand galt, ist nicht zu ersehen. Sorgfältige Aufzeichnungen über Freiheit und Unfreiheit der Spitalslehensleute in N. 1211 des Rothenburger Archivs (z. B. „Item N. N. sitzt uff des spitals gut sein weip ist frey" etc.) berechtigen zu keinem Schluss nach der einen oder anderen Seite. Anderseits wird es aber (Oberrh. St. R. I, 2, 161) als „hergebrachte gewonheit" bezeichnet, „das alle bürger kinder, so in Mergentheim geboren, vnangesehen ob auch dieselben frei u. mit leibaigen weren, vnsers ordens und haus Mergenthaims laibaigen wurden, daraus sollich leibaigenschaft ires erachtens geflossen".

Die Leibeigenschaft endet durch Freilassung, die eine eigentliche sein kann oder — wie meistens — durch Loskaufen ermöglicht wird. Beispiele hiefür finden sich seit den frühesten Zeiten. Nach kaiserlicher Verfügung 1342 müssen die Bürger von Mergentheim als vormalige eigene Leute dem Orden fortan jährlich 200 Pfund Heller reichen (Schönhuth, M. 28). Bei der abermaligen Wiederaufhebung 1537 werden dann jährliche Ablösungsraten von je 15 fl. an den Commenthur festgesetzt (Oberrh. St. R. I, 2, 162); in Markelsheim (1558) beträgt das jährliche Geld für die Aufhebung 16 fl. (O. A. B. 629, Württ. Staatsarchiv); in Weikersheim (1610) war eine Gesamtsumme von rund 1400 fl. von der Gemeinde zu verzinsen. 1724 schenkt ihr Graf Karl Ludwig das Kapital (O. A. B. 803). In Lauda (1546) waren lediglich 150 fl. zu erlegen (Oberrh. St. R. I, 3, 195, Berberich 345).

Bei den kleinstaatlichen Verhältnissen an der Tauber mag es wohl nicht selten vorgekommen sein, dass Unfreie durch Ansiedlung in einem Nachbarterritorium sich dem Machtbereich ihrer Obrigkeit entzogen und auf diese Weise sich der Leibeigenschaft entledigten. Vgl. W. F. 1858, S. 277: Vergleich zwischen Götz von Brauneck und Deutschorden 1352: „Der Orden soll keine Eigenleute der Herrn von Brauneck mehr zu Bürgern annehmen in Mergentheim, ohne ihrer Herrn Wissen."

Wichtig ist vor allem, dass man die Freiheit ersitzen konnte. In dem Urteil, das auf oben berührtes Rothenburger Aktenstück folgt, spricht sich der Jurist folgendermaßen aus: „— — so hett sie doch libertatem, die Freyhait durch den lauff der zeyt ersessen. Dann sie ob zwantzig Jarenn mit gutem glauben Jren stannd vnnd wesen vntter andern freien Menschen gebracht, so auch für khein ander person. Dann für ein frey personn vonn meniglich geacht vnd gehalten Ist worden, Es hatte auch Herr Zaysolf von Rosenberg die vorgedachte Christina nie kheiner leibaigenschaft oder kheins leibrechts Halben In recht angezogen." Diese Entscheidung ist zum Ueberfluß auch noch mit dem lateinischen Zitat belegt: „Nam si quis fuerit per viginti annos moratus in statu libertatis et se publice gesserit pro libero homine etc."

Eine scharfe Scheidung von Leibeigenschaft und Hörigkeit ist schwer durchzuführen; in der Praxis bestanden sicher Uebergänge, und vieles stimmt hüben und drüben zusammen. Die Fronden sind dem Kloster von allen „Gemeinds-Männern" von Gerlachsheim und Kützbrunn zu leisten, da sie sämtlich leibeigen sind (Protokollbuch p. 69), aber in Sonderriet (Weist. § 8) z. B. besteht gleichermaßen Verpflichtung zu Spanndiensten für Eigenleute und Landsiedeln. Nur konnten erstere noch weiter herangezogen werden. Unter den Abgaben scheint das Leibhuhn, bezw. ein Leibzins, ein Charakteristikum gewesen zu sein; daneben bestand das Besthaupt. Vgl. z. B. Gerlachsh. Protokollbuch p. 69: „Alle Gerlachsheimer und Kützbronner, Item noch Etliche an andern Orthen seint dem Closter Leibaigen, und so viel die Manns-persohnen betrifft, seint sie nach Ihrem Todfall das beste Haupt dem Closter Verfallen, Vnd Jährlich Ein jede Manns- oder Weib-Persohn ein witthnn jnß Closter Zu geben schuldig." Die Abgabe solcher Leibzinse hatte offenbar weniger eine Last als vielmehr eine erneute Anerkennung des Eigenverhältnisses zu bedeuten. Anderseits heißen die von Wenkheim leibeigen, ohne dass sie jemals das Besthaupt hätten entrichten müssen (Berberich 400). In einer Klage der Mergentheimer Bauern (Schönhuth, M. 43) erscheinen Handlohn und Hauptrecht als Essentialen der Leibeigenschaft. Es ist ersichtlich, weder sind einfache Hörigkeit und Leibeigenschaft allzuscharf gegen einander abzugrenzen noch ist bei der letzteren die örtliche Ausgestaltung überall die gleiche. Neben den eigentlichen Leibeigenen, die, im ausgeprägten Erbpachtverhältnisse stehend, den gutsherrlichen Boden innehaben, ist noch eine strengere Form des Eigenverhältnisses in den Mansionarii (Werth. Urk. v. 1457), also Hausdienstleuten, festzustellen.

Auf ein Züchtigungsrecht, das der Gutsherr gegenüber seinen Leibeigenen hätte, weist an der Tauber keine Spur.

Die Freizügigkeit des Leibeigenen war aufs höchste beschränkt, d. h. faktisch unmöglich. Der Abzug von einem Orte war nur mit Mühe und nur unter grossen Opfern zu bewerkstelligen: „und sal auch von Mergenthem nit kummen oder ziehen, dann mit laube eines comenthürs doselbst und der bürger, und wann er die laube hat, so sol er funff jar hinter sich behte geben, ie von 60 Pf. 1 Pf. und von 60 gulden 1 gülden." (Oberrh. St. R. I, 2, 143).

Auf die Abhängigkeit des Leibeigenen vom Heiratskonsens des Gutsherrn weist eine Stelle im Erlass des Deutschmeisters Walther v. Cronberg 1537 hin. (Oberrh. St. R. I, 2, 160.) Die abzuschaffende Leibeigenschaft, heisst es dort, sei „nachtheilig, verhinderlich u. beschwerlich inen, iren weibern, kindern u. nachkommen am h e i r a t h e n u. anderm".

Wesentlich für die Auffassung der gesellschaftlichen Stellung des Leibeigenen ist die Möglichkeit seiner Ve r ä u s s e r u n g. Aeusserlich betrachtet, liegt in dieser Einrichtung etwas besonders Empörendes, doch ist das Institut der deutschen Leibeigenschaft jedenfalls besser als sein Name. Sie ist gleichweit entfernt — in der Theorie wenigstens — von der Sklaverei des römischen Rechtes, das dem servus die Eigenschaft eines Rechtssubjektes vollständig absprach, wie von der russischen Leibeigenschaft moderner Zeiten. Dem deutschen Leibeigenen fehlte charakteristischer Weise nie die Möglichkeit selbständigen Eigentumserwerbs. Veräussert werden auch nicht die Persönlichkeit, sondern lediglich die Rechte, die der Herr vom Eigenmann beanspruchen kann. Freilich ist dies im letzten Grunde eben nur ein feiner juristischer Unterschied, über den sich der Grundherr, die Sätze römischer Rechtsanschauung und die Macht des Stärkeren anwendend, leicht hinwegsetzte, den endlich der leibeigene Bauer selbst nicht herausfand. Dieser hält sich an das Wort „aygenschaft des leybs" und verurteilt das mit dem Nachweis der biblischen Unbegründetheit, da doch Christus alle Menschen von der Knechtschaft erlöst hätte und „Alle Kinder Gottes und allein sein eigen seien". Mergenth. Bauern, Schönhuth 43). Alle die theologische Weisheit, die der Bauer von allen Seiten in sich aufgenommen, alle möglichen Sprüche des neuen Testamentes wurden gegen das verhasste Institut der Leibeigenschaft ins Feld geführt. Vgl. z. B. Zweifel 77, 122; Fries II 179, lange Ausführungen darüber in Reisers „Reformation des K. Sigismund", wo besonders den Klöstern vorgeworfen wird, dass sie mit Uebernahme der Leibeigenschaft schwere Sünde auf sich geladen hätten. Diese Beweisführung ist übrigens nicht erst hussitischen Lehren eigen, sie begegnet uns bereits im S c h w a b e n s p i e g e l, der in seinem Art. 68 sich dahin bekennt: „Wir han daz von der s c r i p t. daz n i m a n s o l l e i g e n sin. doch ist ez also dar komen von gewalte vnd von twancsal". Nachdem also dargestellt ist, dass Theorie und Wirklichkeit sich nicht mehr entsprächen, werden im folgenden dann die aufgezählt, welche das Recht besitzen, Leibeigene zu haben. (Ausser dem Reich die „gotshyser", die geistlichen und weltlichen Fürsten, freie und mittelfreie Leute.)

Eine nicht zu übersehende Zahl von Urkunden sind über

Kauf, Verkauf und Verpfändung von Leibeigenen auch in unserer Gegend ausgestellt worden; teils wurden diese allein, teils als Zubehör von herrschaftlichen Burgen und Dörfern veräussert, vom 14. Jh. an eine stattliche Reihe. (Vgl. z. B. W. F. 1858, 276 ff.) Eine besonders geringe Summe zeigt bei einem solchen Verkauf eine Urkunde von 1530: Franz Rüd von Bödigheim zu Wachbach verkauft etliche Leibeigene in Harthausen an den D. O. um 3 fl. (!) O. A. B. 568). Ursprüngliche Reichsleibeigene werden 1401 erwähnt: Kaiser Rupprecht überlässt Konrad von Weinsberg alle Leibeigene des Reichs zu Raigelsperch, Creglingen und Weikersheim. (Schönhuth, Cregl. 8.)

Häufig war auch ein gegenseitiger Austausch von Leibeigenen, um neben dem Gebiet auch die sonstigen Rechtsansprüche des Territoriums zu arrondieren, im eigenen Dorfe Gleichmäßigkeit derselben zu erreichen, fremde Ansprüche hinauszudrängen und für diesen Gewinn schwer zu behauptende Rechte in fremder Machtsphäre abzugeben. (Vgl. W. F. 1858, 276.) Das ist lange nicht überall gelungen, so sitzen noch 1525 in der Residenzstadt des Deutschordens rothenburgische Leibeigene. (Zweifel-Baumann 399.)

Der wirtschaftliche Schaden der Leibeigenschaft lag auf der Hand. Dieses System gegenseitiger Absperrung durch Aufhebung oder doch Erschwerung der Freizügigkeit brachte die Bewegung der Bevölkerung vollständig ins Stocken, und namentlich den kleineren Städten waren damit die Lebensadern geradezu unterbunden. Das wird z. B. ganz unumwunden in der hierin hochinteressanten Urkunde Walthers von Cronberg anerkannt, die den Mergentheimern die endgiltige Freiheit von Leibeigenschaft bringt (12. Nov. 1537 — Oberrh. St. R. I, 2, 160). Nach verschiedenen anderen Darlegungen heisst es, der Stadt sei mit der Leibeigenschaft besonders Abbruch geschehen „an merung der bürgerschafft u. zeitlichem uffnemen bis alher und noch, dann unzweiffentlich hivor viel narhaftigen leut in Mergentheim heblich gezogen, die solliche leibaigenschaft gescheuet u. die sie darvon gewendet u. außerhalb behalten hett, u., so sie gendert, noch hinein ziehen würden".

Ueber das Verhältnis von Leibeigenen und Freien lässt sich wenig direkt Greifbares gewinnen. Nach dem Bischofsheimer Jurisdiktionalbuch (Amtsregistratur, Berberich 113) erscheinen 1668, wie schon erwähnt, lediglich Freie in Bischofsheim und Poppenhausen, als gemischte Dörfer: Königshofen, Dittwar, Dienstadt, Grossrinderfeld, Schönfeld (Verhältniszahlen fehlen), lediglich Leibeigene gibt es damals in Königsheim (267), Hochhausen (108), Werbach (138), Werbachhausen (35) und Brunnthal (19), (zusammen also 567 Haushaltungen von Leibeigenen im Gerichtsbezirke).

3. Abschnitt.
Bäuerliche Lasten.

Die bäuerlichen Lasten scheiden sich von selbst in zwei grosse Abteilungen, die eine die Dienste oder Fronden, die andere das unendlich detailierte Abgabenwesen umfassend.

A. Die Fronden.

Sie sind, wie wir gesehen haben, Hörigkeit und Leibeigenschaft gemeinsam. Sie zerfallen wieder in g e m e s s e n e und u n g e m e s s e n e. Erstere erwähnt z. B. das Gerlachsheimer Protokollbuch, das „4 Frohn-Täg" aufstellt. Es fehlen aber die ungemessenen Dienste nicht, die besonders schwer empfunden wurden: Die Fronden wurden von Tag zu Tag gemehrt, der Dienst „zu stund u. zeit, dem bauren nit zu nachtail" vergeblich ersehnt. (Artikel der „otenweldischen bauren" — Fries 194 ff.) Die Wenkheimer Leibeigenen sind schuldig, die Fronden „a u f a l l e G e b o t zu leisten b e i T a g u. N a c h t, mit Mensch u. Vieh, mit Hand u. Pferd, weit oder nah, zu Wasser u. zu Land". (Berberich 402.) M e i s t waren diese Dienste u n e n t g e l t l i c h zu leisten. Art. 7 der allgemeinen Artikel (Biedermann in Ztschr. f. D. Kult. G. Neue F. I, 253) fordert als Lohn „einen ziemlichen Pfennig". Es finden sich aber auch Fälle einer E n t s c h ä d i g u n g. In Weikersheim erscheint der Arbeitslohn fest geregelt (1512, neu 1601), darnach war einem Wingertarbeiter pro Jahr und Morgen 3 fl. ausser dem Essen zu entrichten. (W. F. 6, 122.) Im Mainzer Gebiet wären diese Verhältnisse sogar ganz besonders günstige gewesen, wenn immer zur Ausführung kam, was Schenk Erasmus zu Erbach i. O. 1483 von der „Mainzer und Erbacher Ordnung" sagt (Berberich 78): „Alle Taglöhner, die gedungen sint, sowie die F r o n l e u t e sollen gemeynlich, als auch die Knechte u. Magde, jeden Tag erhalten zweymal Fleisch u. Zukost u. eyne halbe kleine Krause (Krug, Grimm Wrtrb. V, 2093 ff.) Weyns, usgenomen die Fasttage, da sollen sie Fische haben und sunst narhafte Speisen. Auch soll man eynem jeden, der in der Woche gearbeit, den Sunn- oder Feyertags gütlich tun nach der Meß u. Predig. Sie sollen haben Brod u. Fleisch genugsam und einen halben, großen krausen Weyns; an den Hochziten (Hauptfesten) auch Bratnes genugsam. Auch soll man ihnen mitgeben nach Haus einen großen Leib Brod u. von Fleisch soviel als zwei in eynem ymbs essen können." (!)

Gewisse Personen sind von vornherein frei von der Verpflichtung zu Herrendiensten, ausser den Geistlichen noch diese und jene, z. B. die Schöffen des Stadtgerichtes in Wertheim (Oberrh. St. R. I, 1, 39), ferner ganze Dörfer, wie Schweigern (D. O. 1521 p. 37) kraft Brief und Siegel, kleine Ortschaften um Krautheim, denen ihre „freiheiten u. gewonheiten der Fron" 1528 aufs neue gewährleistet werden bis auf die neu regulierten Baufronden. (Oberrh. St. R. I, 3, 204.) Frei sind auch von Diensten die sogenannten „Freihöfe" der Spitäler. (Mergentheim: Schönhuth 33; Röttingen: Wieland 95.)

Eifersüchtig wacht jede Herrschaft darüber, dass ihr allein Ansprüche auf Dienstleistungen ihrer Unterthanen zustehen. Das Gerlachsheimer Protokollbuch bemerkt ausdrücklich: „Frombden u. benachbarten Herrschaften sind die Gerlachsheimer Keine frohn schuldig."

Auf Nichterfüllung der Dienstverpflichtung stehen zunächst Bußen, weitere Strafen im Belieben des Herrn. (Oberrh. St. R. I, 3, 186, N. 5.)

Fronhöfe heissen Güter, auf denen Rechtsansprüche auf Frondienst ruhen. (O. A. B. 629; Berberich 310; Wieland 26.) In Edellingen erinnert daran noch heute der Name einer Dorfgasse: „Frohngasse." — Im einzelnen gliedern sich die Dienste in Hand- und Spanndienste, Baufronden, Wache und Waffendienst („Reis"):

1. Handdienste. Gerlachsheimer Protokollbuch: „die Hecker mit der Hand in deß Closters Weinberg, oder wo mann will." Wenkheim: „Feldfrohn uraltem Herkommen gemäß." (Berberich 401.) Hieher gehört auch das „arbaiten im graben". Handdienste zur Instandhaltung der städtischen Befestigungswerke. (Rothenburg: Baum. 601, 127.) Daneben wurde auch ein besonderes „Graben- und Wachgeld" in Stadt und Land erhoben, das einmal mit der Ansässigmachung zu entrichten war und 5 fl. pro Kopf betrug. Mit diesem Geld wurden sonstige Kosten der Befestigungsarbeiten gedeckt. (H. W. Bensen, K. B. 18, 62; Bensen H. U. 314.)

2. **Spanndienste.** Weistum von Sonderriet: „item auchen wisen sie obg. u. gn. h. zum rechten, das sie im dinen sullen mit drien wagen, als dicke er des begert. auch wisen sie, wer es das der obg. u. gn. h. reisen wült, bedorft er dan ein pferds oder zweier oder eins ganzen wagens, den sulten sie im lihen." In Gerlachsheim (Protokollbuch) haben „die Bawren mit ihren pferden" zu fronden, dgl. die Wenkheimer „mit Hand u. Pferd". (Berberich 402.) Die Rothenburger Bauern haben Spanndienste zur Instandhaltung der städtischen Festungswerke zu leisten. (Berberich H. U. 314.)

3. **Baufronden.** Oberrh. St. R. I, 3, 204: „Doch behalten wir uns hierin fur, wo etwas im schloß u. stat zu Crautheim u. Ballenberg zu bawen not were oder sein wurde, das sie alle, kein fleck oder dorff ausgeschlossen, hinfurther zu fronen und dienen schuldig u. verpflichtet sein sollen."

4. **Wache und Thorhut.** Diese Dienste trafen insofern auch die Bauern, als die Bevölkerung der Städte an der Tauber zu einem nicht unbedeutenden Teil sich aus solchen zusammensetzte. Vgl. für Rothenburg Baum. 41, 122, 124, 138, 601 („wachen u. dor hüten"), Mergentheim: Schönhuth 43, Lauda: Oberrh. St. R. I, 3, 186, Krautheim-Ballenberg a. a. O. 206. Da sich manche loskauften, wurde Ersatz durch bezahlte Knechte geschaffen (Baum. 295), deren Unterhalt und Lohn durch das Wachgeld aufzubringen war: H. W. Bensen, K. B. 18, 62; Baum. 119, 124, 132, 173, 295; Bischofsheim: Oberrh. St. R. I, 3, 297. (Die „Inbringung" mit „zerung u. costen" verbunden.)

Frei von der Wache war u. a. die Geistlichkeit (Weltgeistliche, Klöster und Orden — vgl. z. B. Baum. 124 und 138) und die Spital-Freihöfe (Röttingen, Mergentheim). In Rothenburg wird 1525 geklagt, „das ain rat so vil herren knecht wachfrey gesetzt hat". (Baum. 138.)

5. **Dienst in Waffen** (das sogenannte „Reisen"). Vgl. „Dienst u. Reiß", Wenkheim (Berberich 401), Rothenburg: Baum. 120, 126, 132, 134, 137, 138, 344: „uff das wir raisen musten, das doch unser weyb u. kynd zu essen haben"; 343, 601.

Auch hier tritt als Geldergänzung ein „Reisgeld" dazu. Im Mainzischen wurde es als 20. Pfennig erhoben. (Oberrh. St. R. I, 3, 209.) Im Rothenburgischen war das Reisgeld als neue Einrichtung besonders verhasst. (Baum. 122, 177: „das newgestimpt raisgelt.") Im Würzburger Land lasteten Reisgeld und persönliche Verpflichtung zu gleicher Zeit auf dem Bauern (Fries I, 137): „zu dem andern hat unser gnediger herrn ytzt diser schwinden zeit dem armen ain grosse swerliche auflage zu geben zugemut u. nichts desto weniger ainem jeden armen dabey zu raisen gebotten, wan man den manet, der geschickt sei. Damit der gemain man hoch bewegt u. ufrurig geworden ist." Es scheint überhaupt durch unpolitische Neuerungen in den Finanzbestrebungen ganz besonders die Erbitterung des Volkes gestiegen zu sein. (Vgl. a. Einführung des Bodengeldes im Rothenburgischen.) Anderwärts verstand man durch Nachgiebigkeit im kleinen das grosse Ganze zu retten. Ganz charakteristisch ist die folgende Stelle eines Antwortschreibens des Kurfürsten Ludwig von der Pfalz an den Bischof von Würzburg (Fries I, 13): „so geben wir auch in vill sachen den bauren ytzt zur zeit nach, beschweren sie nit sonders mit alten gewohnhaiten, noch vil weniger mit neuerung. dergleichen sich euer liebden auch befleyssen thuen u. wollen die schweren leufte ytzund ansehen, der irn so vil moglich verschonen u. besonder mit keiner neuerung belestigen, wie wir uf gestern vernomen u. euer liebden on das anzaygen wollen, das euer liebden die bundshilf. als ein neuerung uf sie geschlagen, dieselbigen zu erhalten."

Jeder Bauer im Rothenburger Land musste zum wenigsten eine „spize helmparten vnd armprusten" besitzen. (Bensen H. U. 333, Bensen K. B. 31.) Bei Zweifel (36) werden „harnisch u. were" der Bauern erwähnt. Die D. O. von Schweigern verlangt, dass, wer Sturm läuten hört, „mit seiner wöhr" dem Kirchhof zueilen soll. Insbesondere in den kleinen Städten muss der Einzelne mindestens einen Harnisch besitzen (im einzelnen Oberrh. St. R. I, 1, Wertheim Art. 16; Bischofsheim: Berberich 68; Mergentheim: Schönhuth 55).

Vom Waffendienste waren alle Leute geistlichen Standes ausgenommen, die Schöffen wenigstens in Friedenszeiten. (Vgl. unter Fron und Wache — Berberich 67.)

B. Die Abgaben.

1. Zinsen und Gülten. Alle diese verschiedenartigsten Ansprüche waren sorgfältigst in grundherrlichen Büchern registriert, als deren Namen „Zins-, Gült-, Rechenbücher" u. a. m. genannt werden. In das sehr interessante Detail dieser territorial- und gutsherrlichen Registraturen erlauben Einblick insbesondere die Abhandlung von Rockinger für das Stift Würzburg und Zweifel

(Baum.) S. 149, 150, 169 für Stadt, Spital und Gotteshäuser zu Rothenburg.

Es finden sich im einzelnen auch die Ausdrücke „Ewiggült", „Ewigzinsgeld", auf die Realobligation statt der hypothekarischen Bodenbelastung hindeutend (Baum. 180, W. F. 4, 1, 47; Wieland, Röttingen 93 (Urk. Beil. V.).

Zinsen und Gülten werden regelmäßig als Holschulden behandelt: Oberrh. St. R. I, 3, 208 (Krautheim-Ballenberg, Art. 58); Schönhuth, Cregl. 7: „3 Gänse jährlich Gült von und auf Einsammeln zu Clingen". Schönhuth, Merg. 15: Vorbehalt von „einigen Gattergülten". (Grimm, W. B. IV¹, 1, 1511.)

Der Druck der vielen Gülten hat schon frühzeitig auch von herrschaftlicher Seite Aufmerksamkeit gefunden, so im Privileg des Grafen Joh. II. von Wertheim 1410 und in dem von 1437 (Oberrh. St. R. I, 1, 19, bezw. 27). Von bäuerlicher Seite verlangt man Ablösung und macht Vorschläge hiezu (Baum. 119, 122, 134, 138). Vielfach erschien eben die Abgabenhöhe nicht mehr im Einklang mit der Ertragsfähigkeit des bäuerlichen Grundstückes. Die Städte dagegen erreichten wenigstens hie und da, dass die eingehenden Zinsen dem gemeinen Nutzen zu gute kamen (Oberrh. St. R. I, 3, 201).

Als Zinsen werden im einzelnen entrichtet:

Getreide, nach Malter und Metzen berechnet, und zwar:

Weizen (Wieland, Rött. 88, 95; Berber. 310; Gerlachsh. Protokbch. p. 71).

Korn (ebenda, ferner W. F. 4, 1, 47; Winterbach II, 230, 260; Schönhuth, M. 17).

Haber (Gerlachsh. Pr. 71, Wiel. 95; Weist. v. Sonderriet § 3, W. F. 4, 1, 47; Winterb. II, 230, 260, Berber. 310).

Dinkel oder Spelz (Winterb. I, 81; II, 230).

Erbsen (Berberich 310).

Wein: „Gültwein" zu Gerlachsheim, „item von dem neugereuthen, der oben gemeldten und zu Weinberg gemachten Aecker". (Berber. 104) u. s. w.

Lämmer (H. W. Bensen H. U. 349).

Lammsbäuche: „ein lamßbauch auf Ostern" (Wiel. Rött. 96, Beil. VI); „Lams-bauch zu Gerlachsheim, Kützbronn" etc. (Gerlachsh. Protbch. 71); als Zins für die Herrschaft von Grünsfeld (Berber. 310); „item der junge Landolt zu Rietheim gibt jerlichen ein lamßbauch von seinem hawß" (Wieland a. a. O.).

Gänse (Gerlachsh. Pr. 71; Schönh. Cregl. 7; Winterb. II, 260; Bensen H. U. 349).

Hühner:

Trotz gegenteiliger Meinung (z. B. auch W. F. 9, 56 mit Berufung auf Maurenbrecher D. Pr. R. § 269 und Mittermaier D. Pr. R. § 178) möchte ich doch an der Ansicht festhalten, dass in der Leistung von Hühnern ein spezifisches Merkmal der strengen Hörigkeit, bezw. Leibeigenschaft zu erkennen ist. Vgl. z. B. „Leibhühner" zu Gerlachsheim. Allgemein: Baum. 122; Winterb. II, 230, 260; Bensen H. U. 349. Als Gülthühner: Baum. 126, 134, 136; S. 123: „in allen kewfen oder todsfällen."

Zinshühner a. a. O. 121. Zwischen „Hauptrecht" und „Handlon" aufgeführt!

Leibhühner: Gerlachsh. Prbch. 71: „Leibhühner und Leib Eigenschafft zu Gerlachsheim etc." Also speziell Abgabe der Leibeigenen.

Fastnachtshühner: Baum. 124: „vastnacht hunr". Wiederholt unter den Gülten der Pfarrei Röttingen genannt. Wieland, Beilage VI, S. 96, a. a. O. III, S. 88; Berberich 310; Winterb. I, 81, II, 260.

Sommerhühner (Gerlachsh. Pr. 71).

Herbsthühner (Baum. 124; Winterb. II, 260).

Martinshühner (Gerlachsh. Pr. 71).

Witthühner (zu wit Holz, Schmeller IV, 200, also = Holz- oder Laubhühner, Gegenleistung für Gerechtsame des Holzholens und Streulesens).

Gerlachsh. Pr. 69: „Vnd (ist) Jährlich Ein Jede Manns- oder Weibs-Persohn ein Witthun inß Closter Zu geben schuldig."

Weitere im einzelnen nicht zu belegende Namen Berberich 144.

Fische („Wasserzins") Gerlachsh. Pr. p. 71; Berberich 350.

Käse (Bensen H. U. 349).

Pfeffer (W. F. 1858, S. 277).

Oel (Gerlachsh. Pr. 71; Wiel. Rött. Beil. VI, S. 96: „jerlichen zwue metzen öll von dem großen eygen garten zu Rietheim"; Bensen H. U. 349).

Wachs (Gerlachsh. Pr. 71; W. F. 8, 729 = O. A. B. 524; Wieland Rött. Beil. VI, S. 97; Bensen H. U. 309). Abgabe an Kirchen und Klöster (sog. „Wachszinsige").

Unschlitt: „Vnschlied" Gerlachsh. Protbch. 71 — „Item Cuntz Fuhs von Aufsteten gibt jerlichen funf phunt vnslits auf sant Mertinstag von eim aygen morgen weingarten"; „jtem Walther Ott v. A. etc." dgl. (Wiel. Rött. Beil. VI: 96).

Geld: Gerlachsh. Pr. 71: „Gewisße Pfenning-Zinnß;" Wiel. Rött. 91: „ein pfunt hlr. geltz jerlicher gülte." Ferner a. a. O. 101 (dgl.). Winterb. I, 81; II, 230. 260; Berber. 310; Schönhuth, Merg. 14 ff. „Hellerzinsen", „Hellergült" etc. etc. „Leibzins" der Leibeigenen: Berber. 144.

2. Zehnten. Man unterscheidet den grossen und kleinen Zehnt. Der grosse Zehnt setzte sich im wesentlichen aus Kornund Weinzehnt zusammen (Gerlachsh. Pr.), der kleine Zehnt aus den sog. Sommerfrüchten, wie Gerste, Linsen, Haber, Wicken, ferner aus Obst, Kraut, Rüben, Flachs, Hanf, Hirse, Heu, Grummet u. dgl. Zum kleinen Zehnt wurde auch der Blut- oder Viehzehnt gerechnet. Der grosse Zehnt ist meistens Pfarrzehnt (z. B. Berber. 412, 299; Wieland Röttingen 83; Schönhuth Cregl. 7). Bedeutende Zehntrechte sind im Besitz des Bischofsheimer Hospitals (Berberich 249). Andere in Händen der Klöster. Gerlachsh. Pr.: „Der Getraid- u. Wein-Zehend auf dieser ganzen Markung gehört dem Closter allein." Die Dominikanerinnen zu Rothenburg haben den Zehenten zu Schmerbach (Schönhuth Cregl. 77). Andere besitzen die Klöster Frauenthal, Amorbach etc. in unserer Gegend. Der Fürstbischof von Würzburg bezog ein Drittel alles Zehnt von Röttingen (Wieland 78), das Hochstift den ganzen Zehnten zu Creglingen (Schönh. Cregl. 6). Die Forderungen der Bauern gestanden im allgemeinen dem Pfarrherrn auch den grossen Zehent als biblisch begründet zu.

Hie und da ist aber auch der Kleinzehnt Pfarreinnahme: Fries II. 179 ff.; Schönh. M. 44; der Pfarrer zu Creglingen bezieht neben Gefällen an Getreide und Wein auch den kleinen Zehnten jenseits der Tauber, „wie es ihm vor Alters gebühret" (Schönhuth Cregl. 15). Selten sind die Zehentrechte in Händen von Laien, wie noch auf der Hard (Bensen H. U. 463).

Bäuerlicher Unmut kehrte sich bald auch gegen den Zehnten. Die Weukheimer D. O. verlangt Art. 8, dass niemand am Zehnten rütteln solle. Die Bauern möchten, dass wenigstens ein Teil der übergrossen Zehnten den Armen zu gute käme (z. B. b. Schönh. Merg. 44: „denen, die nicht haben, ziemlich Belohnung thun"). Es kommen die eigenartigsten Vorschläge zu Tage: „Item die dreyssigsten garben zu geben verwilligt ain gemain den armen u. den predigern, wie dann geschriben steet Thobie am 1, Mosy am 5 buch, capitel 26 u. 14" (Baum. 138).

Im einzelnen wären noch zu erwähnen: der kleine Zehnt. In Gerlachsheim nimmt das Kloster den „kl. Z. zu Feld u. Dorf" ein (Prot.). In Sachsenflur soll nach dem Bauernkrieg der Zehnte von den Sommerfrüchten nachgelassen worden sein (Berberich 379).

Der Blutzehnt, Abgabe von den Jungen der Haustiere und von Erträgnissen der Viehzucht. (Milch, Käse, Butter, Schmalz, Eier.) Wie es scheint, in unserer Gegend bis zur Zeit der allgemeinen Ablösung wenig oder gar nicht gebräuchlich gewesen. Der Weinzehnt. In Kaufurkunden von 1511, 1517 und 1523 (O. A. B. 516, 642, 763); „Weyn Zehent" Gerlachsh. Prot. wiederholt. Schönh. Cregl. 8 und 80; Berberich 310.

Der Getreide- oder Fruchtzehnt: O. A. B. 642 (1517); „Getraydzehnt" des Klosters in vielen Orten um Gerlachsheim. (Protokollbuch); Berberich 310.

Ein Röther Zehentlein zu Heckfeld gehört auch zu den Einkünften von Kloster Gerlachsheim. (Berberich 304.) Offenbar handelt es sich um einen Zehnten von neu gewonnenem Boden, insbesondere jungen Weinbergen, Rode- oder Rottzehnt, Vgl. Rödergeld im Hessischen: Grimm W. B. VIII, 1107.

Der Heuzehnt: Schönh. Cregl. 80, 87.

Hieher muss auch die eigenartige Abgabe von Holz gestellt werden, deren ein altes Zinsbuch der Kirche zu Freudenbach gedenkt: „ein holz heißt das heffner holz vnd leit in Freitenbacher mark vnd wan sie hawen acht gerten holz, so sollen sie die neunten gerten dem heiligen sanct Blasi lassen sten zu zehendt vnd das neunte reiß." (Schönh. 110.)

Einer weiteren Abgabe neben dem Zehnt wird im Rothenburgischen Erwähnung gethan: „auch sein insonderhait etlich gemaind u. nemlich Brethaim (Brettheim) newlich beschwerdt worden, den von Rotenburg jerlich zu raichen von der gemaind acht guldin u. den chorherren drei guldin, welichs auch ein große newerung ist." (Baum. 77.)

Die Zehentrechte sind vielfach Gegenstand der Verleihung und Verschenkung, des Kaufs, Verkaufs und Tausches, infolgedessen oft auch geteilt und nicht selten selbst in kleinen Orten in mehreren Händen, als Halbe-, Drittel-, Viertel-, Dreiviertel- und Zwölftel-Zehnten.

Die Einbringung der Zehnten geschieht nach der Ernte durch die Gutsherrschaft vom Felde weg. Sie erfolgt am Orte durch die Zehntner (s. u. „herrschaftliche Beamte" unten). Wenigstens in unserem Jahrhundert ist der Hergang bei Einsammlung des grossen Zehnten der gewesen, dass der Zehntner je die zehnte Garbe vor den übrigen aufrichtete. Da die Bauern wohl schon im voraus abzählten und dann die zehnte Garbe kleiner machten, so war dem Beamten das Recht vorbehalten, solche zehnte wieder hinzulegen und die neunte dafür zu nehmen. Die so eingeheimste Frucht wurde in den herrschaftlichen Zehntscheuern und Kellern aufgespeichert. Eine grosse steinerne Zehntscheuer mit Wappen und Jahrszahl 1569 steht noch unterhalb der Neubronner Kirche. (O. A. B. 646.)

Vereinzelt besteht eine Art von Gegenleistung der Herrschaft. Das Gerlachsheimer Protokollbuch sagt nach Darlegung der Zehntrechte: „Herentgegen ist man einer Gemeinde 2 ganze Viehe auf des Closters Kosten zu halten schuldig. Und wo des Closters Vieh hingeht, hat die Gemeinde Macht, das ihre nachzutreiben." — Vom grossen und kleinen Zehnten konnte man sich loskaufen: Baum. 127. Ueberhaupt frei von Zehnten sind z. B. zwei zur Burg Seldeneck gehörige Höfe, die nach Urkunden wiederholt in Händen von Adeligen waren. (Schönh. Cregl. 97.)

3. Besthaupt, Hauptrecht, Sterbfall, Todfall, mortuarium. Es ist die Abgabe, die beim Tod des bäuerlichen Lehensmanns aus seinem Erbe zu entrichten ist. Der Gutsherr konnte sich „das beste Haupt" aus dem Nachlass herausnehmen, das beste Stück Vieh im Stall, Rind, Pferd oder Hammel. (Aschbach I, 388.)

Neben dem Vieh war es wohl auch ein Gewand, Kleidungsstück, das abgeliefert werden musste (Berberich 144, 400) oder Wein, wie sich vielleicht aus Zweifel 182 schliessen liesse.

Das Besthaupt ist Charakteristikum von Hörigkeit und Leibeigenschaft. Als der letzteren eigen erwähnt es das Gerlachsh. Protokollbuch: „seint dem Closter Leibaigen, und so Viel die Manns-personhen betr., seint sie nach Ihrem Todtfall das beste Haupt dem Closter verfallen." Dieses „Hauptrecht" besitzt es noch an mehreren anderen Orten. — Es gibt aber auch Leibeigene ohne Besthaupt, wie wir unten sehen werden.

Das Hauptrecht ist z. T. erst nach dem Bauernkrieg in Aufnahme gekommen. Oberrh. St. R. I, 3, 204: „Des Hauptrechtens halber, so ir ieder oder ire erben zu berg u. thale bißher gefreihet gewesen, wollen wir, das es mit inen hinfurt her wie mit andern im ampt Crautheim gehalten werden und bei uns solchs zu mehren u. zu minern steen soll." Die Leute von Wenkheim sind trotz Leibeigenschaft seit alters frei von Besthaupt. (Berberich 400.)

4. **Das Handlon, Handlehen laudemium, Kaufdrittel.** Dasselbe bedeutet die sachliche Leistung bei jeder Lehensübernahme, die der Uebernehmende (durch Erbschaft oder Kauf) dem Lehensherrn zu leisten hat. Oberrh. St. R. I, 2, 147: „Min herren u. der rat ist eins worden: welcher guter kauffet, die von unßer herren zu lehen gen, do sol der verkauffer und kauffer in den nehsten zwen monden, nach dem als der kauff geschehen ist, kommen fur unßer Herren u. sol der verkauffer das gut uff geben u. der kauffer das etphohin, u. ir Handlon da von geben." Es war also auch vom Verkäufer eine Quote zu entrichten. Vgl. Baum. u. a. 128: „Handlon — in kawf u. verkawf", 123, u. s. w. Das Handlon erwähnt auch Weist. v. Kreuzwertheim: „item was gutere zu Crutzwertheim verkauft adir gekauft werden, davon sal man nimant kein hantlon geben uszgescheiden was gutere von der grafschaft zu W. zu lehen gene, zinsen gulten u. in der margk gelegen sein, davon sal man der grafschaft hantlon geben, als andere der grafschaft arme lude von iren gutern pflegen zu thunde ôn geverde."

Zu den Klostereinkünften von Gerlachsheim gehört die „Handlohnß-Gerechtigkeit zu Gerlachsheim, Kützbronn etc.".

Gegenstand des Handlons sind zunächst Naturalien, meistens Wein: Oberrh. St. R. I, 3, 205: „Item so einer zu berg u. thale zu Crautheim u. in Ballenberger marck liegende gutter kawft u. verkauft, sol hinfurther wie bißher mit einem virtel weins bestanden u. auffgeben u. 5 (pfund) gereicht werden." So auch im Rothenburgischen. Man will aber künftig nicht mehr zu leisten haben, „dann zway vier tail besteen weins entrichten u. daruber nit betrangt werden". (Baum. 182.) In späterer Zeit erscheint erhöhter Handlon in Geld. (Berberich 144.)

Eine Sonderstellung wird den Wertheimern zugestanden: „Nemlichen, was gutere die obgenanten — arme und riche, in unser stadt Wertheim haben, die in unser margk Wertheim gelegen sein, das sie uns adir unserm erben furte mer dheinen hantlon davon geben sullen. (Oberrh. St. R. I, 1, 27.)

Besthaupt und Handlon will man möglichst ganz abgethan wissen. Beide, heisst es, wären „ungöttlich" und widersprächen „dem Worte Gottes und der Liebe des Nächsten, da Alle Kinder Gottes und allein sein eigen seien". (Rothenburger u. Mergentheimer Bauern: Baum. 182 u. sonst, Schönhuth M. 43, Fries II, 179.) Nach Zweifel 133 wies man auf die Bibelsprüche hin: Luc. im 20. Cap. und ähnlich Matth. 23: „Wee den, wee den, die da fressen die hewser der wittwen!" Vgl. Art. 11 der allgemeinen Artikel (Biedermann in Ztschr. f. Kult. G. N. F. I, 253): „Wir wollen den Brauch, genannt der Todfall, ganz u. gar abgethan haben, nimmer leiden noch gestatten, daß man Witwen u. Waisen das Ihrige wider Gott u. Ehre schändlich nehmen u. sie berauben soll, wie es an vielen Orten u. in mancherlei Gestalt geschehen ist."

5. Das Buteil, Sterbdrittel, ist eine Erbschaftssteuer, die weitergeht als das Besthaupt, indem nicht bloß das beste Stück Vieh und Gewand, sondern geradezu eine Quote der Erbschaft dem Gutsherrn anheimfällt. Schliesslich aber bedeuteten Besthaupt und Buteil im Grund dasselbe. Vgl. Aschbach I, 388 und 390 und Weist. von Kreuzwertheim: „item ob ein falle geschehe zuschen mannen und frauwen von dodis wegen, der adir die, welches herren adir edelmanns sie gewesen weren, sullen dhein bestehaupt nach dem buteile geben."

6. Bumede, Heiratssteuer, maritagium scheint an der Tauber ganz zu fehlen. Doch mag eine Rechtssitte der Nachbargegend hier Platz finden: Im Weiler Sontheim im Zenngrund (südl. von Windshoim, nördl. von Rothenburg) hatte nach zuverlässiger Mitteilung bis auf unsere Zeit der Besitzer eines bestimmten Hofes jeweils bei Hochzeit einer Tochter ein grosses Essen auf seine Kosten zu richten, wozu die Herrschaft beliebig einladen konnte.

7. Atzung, Az, der Anspruch des Territorialherrn auf Unterhalt für sich und die Seinen, für Ross und Reiter. Fries I, 294. Weist. von Sonderriet: „auch, weres das u. gn. h. v. Wertheim obg. oder unser gnedige frauen von W. einen imesz oder mer da selbst essen wülten, das ginge eine ganze gemein an, als dicke das noit geschege. auch, wer es das der obg. u. gn. h. ein leger da selbst haben, oder sine fründ da sammen wült, so sult

er sine güt vor besetzen u. bestellen. wurden im die zu enge, so sult er umb sich grifen, als lange bis das er u. die seinen stallung genüg hätten." Nach gleichem Weist. muss auch das Personal des herrschaftlichen Gerichts, solange es im Dorfe weilt, verköstigt werden. Kraft Privileg besteht da und dort Freiheit von Atzung: D. O. v. Schweigern von 1521, p. 37: „Erstlich Sein Wir Az und Fronnt lauth Brieff Unnd Sigel jun ewig zeyten frei." Dgl. ist frei das Spital in Mergentheim. (Schönhuth, M. 33.)

8. Das Geleit. Das Geleit erscheint als Abgabe für die mit bewaffneter Mannschaft dem Reisenden gewährte sichere Bedeckung. Das ursprüngliche kgl. Regal war in Händen des Territorialherrn. (Goldene Bulle: Mainz, Würzburg; Burggraf von Nürnberg-Ansbach; Hohenlohe, Wertheim: Rothenburg. — D. Orden fehlt.) Man unterschied das Geleitsrecht zu Wasser (Main) und zu Lande. Für unser Gebiet seien erwähnt als wertheimische Station Hartheim (Aschb. I, 393), als würzburgisches Geleit das in und durch Röttingen. (Wieland, R. 78.) Den Bauern traf es nicht so sehr als den Kaufmann. Doch, wo jener es nicht selbst in Anspruch nahm, konnte er eben leicht zur Dienstleistung herangezogen werden.

9. Einzugssteuer, Burgerguldin, Annahmsgeld. Erste Anlag — anderseits Nachsteuer, Abzugsgeld. Letztere Abgabe steht im engen Zusammenhang mit dem Wesen der Hörigkeit und der darin begründeten Beschränkung der Freizügigkeit. Gewährung derselben mit Vorbehalt der Nachsteuer ist der Schritt von Leibeigenschaft zur Hörigkeit. (Oberrh. St. R. I, 3, 195.) Wer sich in Grünsfeld niederliess, hatte das Annahmsgeld zu entrichten; als freier Mann konnte er aber wieder wegziehen, ohne dass er Abzugsgeld leisten musste. (Berberich 309 ff.) In Rothenburg heisst das Annahmsgeld „burgerguldin" (Baum. 179, 501. — S. a. Bensen II. U. 311. — Für Wertheim vgl. Oberrh. St. R. I, 1, 52; Lauda: a. a. O. 3, 187).

„Einzuggeld u. Nachstewer Von den Vnterthanen" der umliegenden Dörfer gehörten zu den Klostereinkünften in Gerlachsheim (Protokollbuch). Sonst war es auf dem platten Lande üblicher, statt des Geldes den Neuanziehenden Bäume auf Gemeindeboden pflanzen zu lassen. Eine solche Vorschrift findet sich in der D. O. von Schön. Art. 8: „einen Baum auf die Gemein Hutt oder Weeg Pflanzen u. Aufbringen." Die Forderung von 3 Obstbäumen zu Weikersheim (O. A. B. 804) mag gleichfalls auf alter Gewohnheit beruhen. In Wermutshausen hatte der neue Bürger 3 Eichenstämmchen auf den Gemeindehutwasen zu setzen. (Vgl. darüber Bundschuh, Lexik. v. Franken 1802, V, 166.) In Schön muss (Art 15) auch noch ein „Einstandt" von 2 Kübel Wein gereicht werden.

Ueber den Prozentsatz der Nachsteuer sind folgende Einzelheiten festzustellen: Im Hohenlohischen war zu Anfang des 16. Jh. die Taxe 2—3 Prozent; Erb- und Heiratsgut, das dem Lande entfremdet wurde, ist noch um 1550 mit 2, in der Folge 10, bezw. 6 Prozent besteuert (W. F. 9, 2, 234), in Edelfingen verlangte man noch 1601 nur 3 Prozent, doch mussten erst die Käufer, die an des Wegziehenden Stelle traten, ausdrücklich von der Herrschaft angenommen sein. (Dorf-O.) Besonders hart erscheint die Nachsteuer im Rothenburgischen. 1525 verlangen die Bauern, dass man dieselbe erleichtere „nach dem, wie in andern umbligenden stetten des reychs der geprauch ist u. gehalten wurd" (Baum 136). Hier war der fünfte Pfennig, also 20 Prozent, zu entrichten, während doch „der zehend pfenning gemainglich der geprauch" wäre (a. a. O. 179). In Rothenburg erbitterte besonders der Umstand auch die unteren Kreise, dass reiche Leute, die sich in der Stadt niederliessen, für je 100 fl. ihres mitgebrachten Vermögens ein Jahr steuerfrei lebten und beim Abzug keine Nachsteuer zu entrichten brauchten. (Baum. 137.)

Ein paar kleinen Tauberstädten gelang es, das Nachsteuerrecht für sich zu erhalten, so Röttingen (Wieland, R. 78), Markelsheim (1559, O. A. B. 629), Lauda (Oberrh. St. R. 1, 3, 187), Wertheim (1562, a. a. O. 1, 52 ff). Vereinzelte Dorfschaften besassen dies Recht schon länger, so Hohenlohische (W. F. 9, 2, 234), insbesondere auch Schweigern (D. O. nach pag. 38.).

10. Die direkten Steuern. Grund-, Einkommens- und Vermögenssteuer. Ausser der „gewohntlichen" und „jerlichen" wird vom Territorialherrn öfters auch eine „Schatz-Steuer" erhoben, um die Kosten der Kriege (insbesondere auch der Soldgelder) damit zu decken, z. T. auch zur Aufbringung der Unkosten des Gerichtswesens. Die Höhe der Steuern war offenbar nicht gering, die Willkürlichkeit in Auferlegung von neuen Gegenstand heftigsten Unwillens: Fries II, 179: „auch die stewr oder bethe ist der arm hochbeschwert" und wiederholt bei Th. Zweifel. In Rothenburg betrug 1525 die Vermögenssteuer 1 Prozent (Baum 124, vgl. 133 etc.). 1448 war es nach Bensen (H. U. 311) nur $1/_2$ Prozent. Schon in einem Privileg des Grafen Joh. II. von Wertheim (Oberrh. St. R. 1, 1, 19)

von 1410 werden die „großen u. swern stüren" unumwunden anerkannt. Mit Durchführung des „Gemeinen Pfennigs" kam zu der Landessteuer nun auch noch eine solche von Reichswegen. Die Steuer wurde wie andere Abgaben meist auf „Martini des hl. bischoffs tag" (11. Nov.) entrichtet (z. B. Oberrh. St. R. I, 1, 55). Frei von Steuer war insbesondere alles Kirchengut.

Auflage und Aufsatz, im allgemeinen Bezeichnungen für alle Abgaben überhaupt, sind insbesondere die Steuern für ausserordentliche Zwecke (Fries I, 294). Auch „Geschoß" ist nur ein landläufiger Name für Steuer.

11. Die Bede (Bet, behte, bethe, beete), precarium, wiederholt neben den eigentlichen Steuern genannt, erwuchs aus den ursprünglich vom Landesherrn von den Ständen „bittweise" (precario) verlangten Aequivalenten für die Reichsheeresfolge, die er mit dem Adel auf sich nehmen musste. Die Bede wurde dann in jedem einzelnen Fall auf die einzelnen Landsassen repartiert. Den Bauern traf sie am härtesten, da die Stände ihm vor allem die Bürde aufhalsen konnten. Im Laufe der Zeit ist ihr aber dieser besondere Charakter verloren gegangen, und Bede stellt nun einfach eine Geldsteuer dar, die der Landesherr mit Bezug auf besondere, nicht vorhergesehene Gründe dem Lande auferlegt. (Bensen, H. U. 172; Berberich 144.) Die Bede hat jeder Unterthan, sei er mittelbar oder unmittelbar, dem Landesherrn zu reichen. Vgl. Weist. v. Kreuzwertheim: „item ein ieder der zu Creutzw. sitzt, er si welches herren adir edelmans der si, der sal glich wole der grafschaft undertenig u. gehorsam sein als der adir die dann der grafschaft eigen seind, mit bede u. andere." Die Bede erscheint schliesslich als jährliche Steuer, ferner tritt da und dort im Laufe des 16. Jahrhunderts zur „alten" noch eine „neue Bede". Vgl. Berberich 309 ff. („neue Bede" 1576 in Bischofsheim dafür, dass die Herrschaft „die lange darin gewohnten Juden usgeschafft"); Fries II, 179; Oberrh. St. R. a. v. O. — Die Bede von Tauberzell nimmt an Stelle der Ansbachischen Herrschaft das Stift Herrieden ein. (Schönbuth, Cregl. 101.)

Von indirekten Steuern sind als Steuern auf die Lebensmittel die beiden Tranksteuern und die Mehlsteuer zu nennen. Für den kleinen Mann bedeutete dieser Aufschlag eine schwere Last, denn auch den Weingenuss kann man in jener

Gegend und zu jener Zeit noch viel weniger als heute als Luxus bezeichnen.

12. Die Tranksteuern: a. Das Umgeld, Niederlegegeld, Datz, im Volksmund mit Ironie Ungeld genannt. Die verhältnismäßig einfache Art der Erhebung führte schon sehr frühzeitig zur Einführung. In Rothenburg kam das Ungeld aus der Hand des Kaisers an die Stadt und findet sich schon im 14. Jahrhundert für die städtische Befestigung verwendet. Vgl. die Geschichte des Rothenburger Umgelds bei Bensen H. U. 316 ff. Zu gleichem Zweck überlässt Ludwig d. B. 1342 dem Deutschen Haus das Weinumgeld. (Schönhuth, M. 27.)

Das Umgeld wird regelmäßig von der Territorialherrschaft bezogen: Grünfeld (Schenk- und Heckenwirte, Berberich 310). In Rothenburg geht es „in gemainen pewtel" (Baum. 178). Wie einzelnen Städten (Röttingen „von jedem Eimer vier moß": Wieland 78 und Wertheim: Oberrh. St. R. I, 1, 52) gelang es auch wohl einem Dorfe, das Ungeld zu Gemeindezwecken einziehen zu dürfen, wie in Schweigern (D. O. 1521, p. 38: „lauth brieff Vnnd Sigel einer gemaind"). Wertheim: Kein Ungeld gibt, wer Schöffe dort ist, auch dann nicht, wenn er „mit willen u. mit eren vom schoffenstule gesatzt wurde" (Oberrh. St. R. I, 1, 39ff.). Freiheit von Ungeld unter eigenartigen Bedingungen hatte Rothenburg dem Orte Wolfsbuch (zu Crainthal) zugestanden. Buch hatte nämlich „die Freiheit und Dienstbarkeit, dass, wenn ein Wolf in der Landwehr angetroffen u. den Einwohnern von Buch angezeigt ward, sie denselben mit Garnen, welche sie besonders hielten und jährlich besichtigen, zu fangen und der jüngste Bauer von ihnen denselben mit einem Messer im Zeug umzubringen schuldig sein sollte. Was sie aus dem Wolfspelz erlösten oder im Umtragen einsammelten, blieb ihnen und wurde Wein davon gekauft, auch waren sie dafür vom Umgeld befreit von alten Zeiten her" (Bundschuh, Lexik. von Franken 3, 286 ff). Teils will man 1525 das Umgeld ganz abgeschafft haben, wie die Mergentheimer Bauern verlangen: „der erdacht Fundt, das U., soll fürbaß ab seyn" (Schönh. M. 44), und andere: „auch sol ab sein das ungelt" (Fries II, 179), teils wenigstens eine Minderung und Erleichterung erreichen (Rothenb. Bauern, Baum. 134). Nach dem Bauernkrieg gestaltete sich das Recht am Umgeld verschieden: In Mergentheim wird es zum Teil an die Gemeinde abgetreten (Schönhuth, M. 63), in Wertheim wird es dieser entzogen, 1562 erhöht, aber zu einem Viertel der

Gemeinde wieder zugestanden (Oberrh. St. R. I, 1, 52 ff.), in Krautheim-Ballenberg mit gewissen Abzügen den Städten zugesprochen (a. a. O. 3, 201 u. 210); in Tauberbischofsheim fällt 1527 der Gemeinde mit anderem das Umgeld zu. (St. O. § 21, Berber. 108). In Gerlachsheim laut Protokollbuch „ist ein jeder so Wein schenken will, das Ungeld schuldig u. wird es in die Ober-Einnahme nach Würzburg (1745!) bezahlt".

b) Das Bodengeld, Bodenguldin. Dasselbe wurde im Rothenburgischen als neue Tranksteuer 1522 eingeführt (nicht 1524, wie Baumann im Register angibt. Vgl. dagegen S. 11 a. a. O. „bey dreyen jaren"). Es war damals als Wehrsteuer gedacht, die Einnahme von Rhodus durch Sultan Soliman II. war der nächste Anlass gewesen (Bensen H. C. 318). Es war „von aim yeden fuder weins ain guldin zu bodengelt" abzugeben (Baum. 128). Auch hier machte die Neuheit und Ungewohnheit der Steuer diese zu einer besonders schwer empfundenen Last, die bald ganz abgeschafft werden müsse. Das zeigt ganz besonders „der hecker maynung": „yetz und bey dreyen jaren ist das aufkomen, wann mir in (den Wein) naws geben in das nechst dorf dem wirt zu kawfen, so mussen wir ain news bodengelt geben, das vor nye erhört ist worden von unserm gewechs, das konnen mir armen mitbürger nit erleyden" (Baum. 11). Das Bodengeld findet sich übrigens auch schon frühzeitig in Lauda bei „frembd wein kauf", „6 turnas zu podemgelt" (St. O. von Lauda um 1500, Oberrh. St. R. 1, 3, 189). Ueber die weitere Entwicklung des Rothenburgischen Bodengeldes im 17. Jahrhundert ist Bensen a. a. O. zu vergleichen.

13. Das Waggeld, Wegegeld oder die Mehlsteuer. Zur Feststellung des Verhältnisses von Getreide und Mehl waren die öffentlichen Stadtwagen bestimmt. In Rothenburg mussten dabei 12 Pfennig von jedem Malter gegeben werden (Baum. 128), eine Abgabe, die man gemindert oder ganz abgeschafft wissen will (Baum. a. a. O.). In Lauda bestand folgende Satzung; „Item wann ein burger korn kauft, oder sonst getreid, u. will dem pauren nit mit getrawen, der mag der burger knecht holen, es sei der büttel oder schrötter u. in das messen lassen, und soll dem knecht 1 ₰ von dem malter geben, solichs soll der bauer halb bezalen (Oberrh. St. R. I, 3, 189).

Nach dem Bauernkrieg wird aus der vorher herrschaftlichen Einnahmsquelle eine städtische in Bischofsheim (Oberrh. St. R.

I, 3, 297 — Berberich 108; St. O. 1527, § 21); dgl. mit Abzügen in Krautheim-Ballenberg (a. a. O. 201), in Wertheim erst wieder 1562 (a. a. O. 1, 53). Ueber die sehr interessante Art der Erhebung dieser Steuer im Rothenburgischen zu späterer Zeit siehe Bensen H. U. 319 ff.

14. Das Klauengeld, Kloensteuer (nach Art der Erhebung), eine Viehsteuer. Wie es scheint, nur im Rothenburgischen. Diese Steuer verdankt auch erst den Zeiten allgemeiner Geldnöte ihre Entstehung (1522). Neuheit und Höhe derselben machten sie zu einer schwer empfindlichen. So heisst es von ihr u. a. (Baum. 77), es sei „ye ain jemerlich ding, das kainer in der ganzen landwer kain aigne ku haben soll".

15. Marktstandgeld, Stettgelt, Stattgelt. Wollte der Bauer auf den städtischen Wochen- und Jahrmärkten (Baum. 122) seine Felderzeugnisse feilbieten, so musste allenthalben eine ziemliche Abgabe von ihm entrichtet werden, die, nach Baum. 129 (hier allerdings „stettgelt der verber") zu schliessen, in Rothenburg 1 fl. betrug. Das „Stattgeld" war in Wertheim in die Hände der Herrschaft gelangt, wurde aber 1562 der Stadt wieder zugestanden (Oberrh. St. R. I, 1, 52—53). In Bischofsheim wurde es von Mainz eingezogen (a. a. O. 3, 297).

Unter den Verbrauchssteuern stehen obenan:

16. Die Zölle. Die Zölle, ursprünglich kgl. Regal, bildeten im 16. Jahrhundert eine ganz bedeutende Einnahmsquelle für die Landesherrn, eine ebenso schwere Last aber für die Unterthanen, zumal wo, wie an der Tauber, die Territorialgrenzen ungemein rasch wechselten. Ausserdem wurden noch an den Thoren fast jeder kleinen Landstadt besondere Zölle erhoben. Wie der Zoll aus kaiserlichen Händen in landesherrliche kam, zeigt das Beispiel des Mergentheimer Wegzolls, der von Ludwig d. B. 1335 mit anderen Zöllen in der Nähe dem Kraft von Hohenlohe um 2000 Heller versetzt wird, durch Bestätigung Karls IV. 1347 den Hohenlohe verbleibt und schliesslich mit der Herrschaft Neuhaus 1428 dem Deutschorden zufällt (Schönh., M. 18, 23, 25). Eine für Rothenburg lästige Zollstation war noch in Tauberscheckenbach; erst 1572 setzte es die Befreiung vom Weinzoll beim Kammergericht durch.

Eine vorzügliche Einnahmsquelle, erschien der Zoll als geeignetes Kauf-, Tausch- und Pfandobjekt, und erst mit der inneren Erstarkung und Arrondierung der kleinen Territorien erhielt auch das Zollwesen ein festeres Gepräge. Von Zollstationen kommen auf wertheimischem

Gebiet für uns besonders in Betracht Wertheim mit Wasserzoll auf dem Main und Hartheim für den Landzoll (Aschbach I. 394 ff., Grimm Weist. VI, 19, § 2), im Deutschordensland war wichtig Edelfingen (Vertrag von 1512 zwischen Amt Neuhaus und Stadt Mergentheim. Rath. daselbst, 0. A. B. 411). In Röttingen erhob der Würzburger Bischof den Zoll (Wiel. 78), vieler anderer Plätze nicht zu gedenken. Gleichlautend verlangen die Bauern in Rothenburg und Mergentheim: „es sollen abgetan werden all unpillich zöll (Baum. 77, Schönhuth M. 44). „Zum funften begern wir allerlay essenden ding, so uns herein gefurt und getragen mag werden, das dasselbig kain zoll hinfurthin under kainem tor oder uff dem markt gegeben soll werden." Vgl. Fries II, 180. Interessant ist es, die Volksstimmung in Reisers „Reformation" wieder zu erkennen, dessen Wunsch dahin geht, das Reich möge die Zölle in die Hand nehmen, da ja doch die Landesherrn diese vom Reiche nur „lehensweise" hätten.

Ausserordentliche Abgaben:

17. Die Bußen bildeten einen nicht zu gering anzuschlagenden Posten im Landeshaushalt, da mit Geld ziemlich alle Vergehen gesühnt wurden.

18. Verschiedene Gebühren: „Accidentalien u. zufelle, Siegelgeld u. Anderes." (Krautheim-Ballenberg, Oberrh. St. R. I, 3, 201; St. O. v. Bischofsheim 21, bei Berberich 108.)

Nach dem Bauernkrieg werden diese Gefälle den Städten zugewiesen.

Ueberblicken wir diese recht stattliche Zahl von Abgaben, die den Bauern teils mehr oder weniger, zum grossen Teil aber überaus schwer, dazu fast ausschliesslich trafen, so ist der Notschrei derer mindestens verständlich, die mit „yetzt erzelten burden, zwanksailen biß uff den aller hindersten grad ersucht, ersogen u. ausgemergelt worden". (Baum. 173.)

---

4. Abschnitt.

Die herrschaftlichen Beamten.

Es sind folgende zu nennen:

1. Der Amtmann. Zu Verwaltungszwecken erscheinen unsere Territorien eingeteilt in sogenannte Aemter. Es sind Unterorganisationen, die einen gewissen Komplex von Land und

Rechten des Territoriums umfassen. An der Spitze steht, vornehmlich mit gewissen polizeilichen und finanzrechtlichen Befugnissen ausgestattet, ein Amtmann. Ueber die einzelnen Amtsbezirke vgl. oben die spezielle geographische Uebersicht.

Nach Maßgabe der Zeit, die nicht die Notwendigkeit einer strengen Scheidung von Justiz und Verwaltung empfand, zeigt die Berufsthätigkeit des Amtmanns auch noch eine weitere Seite, in unserer Zeit gerade die wichtigere. Der Amtmann ist als Landrichter an die Stelle der alten Grafen getreten. Ueber seine Gerichtsbefugnisse geben uns namentlich die Weistümer vielfach Belege, so für ein Recht, die Gerichtsbeamten zu ernennen, ev. auch abzusetzen, und das Handgelübde der Zentschöffen entgegenzunehmen. Weist. v. Wertheim § 4: „auch mag unsers herren amptmann von Wertheim schoffen u. schrieber u. butel setzen u. entsetzen, auch were ez sache, daz ein scepfe an die zente solte sweren, der sale einem amptmann unsers herren von Wertheim mit trüwen an die hant geloben u. daz dornoch zu den heilgen swern, iedem herren zu gewarten zu sinen rechten." Er ist es, der das Gericht beruft: Königheimer Weist. I: „hat gehabt juncher Contz von Vechinbach, ein amtmann zu Gamburg u. zu Kelsheim, ein offen besetzt gericht mit den scheffen unsers gn. h. v. Mentze, zu Kennigkheim." Im Zusammenhang der Stelle und verglichen mit der Einleitung und dem Schluss von Weist. II von Königheim, erkennen wir den bedeutenden Anteil der „amptlute" an dem Zustandekommen des Weistums. Vgl. auch die „Neue StadtOrdnung von Tauberbischofsheim 1527" in ihren Artikeln 7, 9, 10, 32. (Berberich 108.)

2. Der Vogt, auch „Faud" (Weist. von Sonderriet), „Fauth" (D. O. v. Edelfingen), ein speziell gerichtlicher Beamter, und zwar der Vertreter der nieder- und gutsherrlichen Gerichtsbarkeit. Man hat streng diese sog. „niedere Vogtei" zu scheiden von einer „hohen Vogtei", der Landvogtei, die nur ein anderer Name ist für „Amt" und das gewöhnliche „Landgericht". Es scheiden hier also aus z. B. die rothenburgischen Landvögte der Vogteien im Gau und im Zwerchmeier. Letztere erwuchsen aus der territorialen Gewalt, die niedere Vogtei aber ist eine selbständigere Abzweigung derselben, bezw. die Zusammenfassung gutsherrlicher Gerichtsbarkeiten an einem Ort. Von einer Vogtei in diesem Sinn ist z. B. im Gerlachsheimer Protokollbuch die Rede: „Dieß Closter ist

Vogtey-Herr in dem Dorfe Gerlachsheim u. Kützbrunn, hat macht zu biethen u. verbiethen u. zu straffen." Hieher gehört auch die Vogtei des Mergentheimer Spitals auf dem Uettingshof. (Schönhuth, M. S. 33.) Dem Vogt gebühren gewisse Naturalbezüge von seiten der Gerichtsunterthanen: Weist. Sonderriet § 3: „und dar umb gibt man einem faude dry malter habern u. schenkt im drü malter habern dazü."

3. Der Schultheiss. Der Schultheiss wiederum erscheint als Verwaltungs- und richterlicher Beamter zu gleicher Zeit. Zur Wahrung von Zehntrechten und Einnahmen sonstiger Gefälle wird für einen gewissen Distrikt ein Schultheiss eingesetzt, so im wertheimischen Pülfringen vom Kloster Amorbach aus. (Berberich 377.) Abgesehen davon, dass er an der Aufsetzung der D. O. Anteil hat (Schön, Wachbach), steht ihm eine gewisse Mitwirkung in Gemeindesachen zu: Schön 3, 9, 37 (z. B. dörfliche Feuerpolizei).

Aber auch hier erscheint die gerichtliche Thätigkeit als die wesentliche. Er steht im allgemeinen um eine Stufe niederer als der Vogt. Als Leiter des herrschaftlichen Gerichts sehen wir ihn z. B. in Igersheim („Designation"): „so wird der Richtstab dem Schultheißen vom Herrn Amtmann (auf dem Neuenhaus) zu heben, übergeben." Dgl. Gerlachsheimer Protokollbuch. Vgl. die Adressen bei Th. Zweifel (Baum. 527): „Schulthaiß, gericht und gemaind zu Wildendierpach", „schulthaißen und gericht, auch ganzer gemaind des Dorfs Oberstetten zu handen." Der Schultheiss fungiert auch wohl als Schiedsrichter: Weist. von Kreuzwertheim 1449: „und weren zwene die sich mit einander hetten gebuderstreicht, kemen die selben zwene mit einande zum schultheiszen und beten ine, das er ine gonnen wolt, das sie sich einten, desselben hette der schultheis wole macht zu thunde." Auch nimmt er das Gelübde des Gemeindeschützen entgegen: Weist. v. Stetten: „wann die gemeinde einen schutzen setze, derselbe sal globen einer gemeinde und darnach miner frauwen schultheiszen." Der Gerichtssprengel eines Schultheissen kann auch eine ziemliche Reihe von Orten umfassen; dem des Deutschordens zu Wachbach sind Unterthanen in 9 Dörfern zugeteilt (O. A. B. 759). Dem Schultheissen sind mannigfache Bußen und Bezüge zugewiesen, z. B. D. O. v. Schweigern, p. 42 „ob einer einen lugenn strafft etc. Ist er dem Schultessen verfallen fierzig heller". Weist. v. Kreuzwertheim: „wirt ime die slecht busze gewiesen, das ist dem schultheizen 15 ₰." Weist. v. Hausen:

„item als dick man geschworn montag helt, so soll man von der gemeynd wegen zu Husen eim jeglichen schultheiß geben ein gerwn holtz."

Der Schultheiss stand offenbar als Richter in geringfügigen Streitsachen in engerer Fühlung mit den Bauern seines Gerichts, und daraus mag sich herschreiben, dass diese Beamte im Bauernkrieg dann da und dort wohl auch mit jenen gemeinsame Sache machten. Vgl. die Darstellung bei Schönhuth, Mergenth. 41: „Zu Igersheim aber liess der Schultheiss und Bürgermeister die Gemeinde zusammenkommen; da der Schultheiss den Aufrührern geneigt war, so wussten die Bürger nichts anderes zu thun, als auf die Seite der Bauern sich zu wenden. Georg Eisen von Igersheim, Schultheiss von Geilichsheim und mehrere andere aus Schüpf und Markelsheim kamen nach Mergentheim und forderten Rat und Bürger auf, zu den Bauern zu ziehen."

4. Der Zentgraf. Als ein oberster Gerichtsbeamter und Vorstand des Zentgerichtes findet sich derselbe neben Amtsleuten, Schultheissen und Vögten (Fries b. Rockinger 163). Es ist demnach eine Identifizierung von Zentgraf und Amtmann für unsere Gegend nicht angebracht. Ein Zentgraf steht in Bischofsheim für den Schultheissen, indes Amtmann, Keller- und 2 Rentmeister auch hier auftreten (Schröder, Anm. 1 zu Oberrh. St. R. I, 3, 297). Vgl. Art. 5 der betr. St. O. „zu versehung unseres zentgerichtes — — — einen zentgraven und zentbuttel neben unserm amptman". Die Herrschaft in Grünsfeld stellt ausser 2 Schöppen auch den Zentgrafen zu Bischofsheim (Berberich 311), während für die Zent Weikersheim Zentgraf, Gerichtsschreiber und 2 Schöppen vom Rat der Stadt gewählt und lediglich von der Herrschaft bestätigt werden (O. A. B. 804). Zum Zentgericht erscheint der Zentgraf zu Pferd, geharnischt mit Pickelhaube, Stiefel und Sporen (a. a. O.). Zentgraf des „Zentgerichts vf der hart" s. Wieland, Rött. 77.

Gewisse Verwaltungsbefugnisse gehen aus Art. 2 der St. O. von Bischofsheim 1527 hervor. Darnach hat der Zentgraf mit Amtmann, Kellner und den Zwölfern die Aufsicht über den Gemeindewald.

5. Besondere Richter, die neben Amtsleuten, Schultheissen, Vögten, Zentgrafen, auch neben den Vögten auftreten, werden von L. Fries (b. Rockinger 163) erwähnt, ohne dass ihre Funktionen ersichtlich sind.

6. Zur Verwaltung der territorialherrlichen Domänengüter erschien unentbehrlich das Amt des Kellers. Es finden sich für ihn auch die Namen Kellner, Amts-, Oberkeller, Kellermeister, Kastner, Rentmeister, Cammerer. Ein Kastner ist dem ansbachischen Oberamtmann zu Creglingen beigegeben (Schönh., Cr. 12). Mergentheim hat neben dem vom Deutschmeister aus den Ordenspriestern gewählten Spitalmeister seinen besonderen Kellermeister und Cammerer. In Bischofsheim erscheint von Anfang an ein kurfürstlich mainzischer Rentmeister, dem mehrere Hilfsbeamte unterstehen. (Berberich 77.) Dieser Keller wird auch mit der neuen St. O. von 1527 („Versehung unserer Kellerey zu B.") beibehalten (a. a. O. 108), dgl. ein solcher für Krautheim und Ballenberg (Oberrh. St. R. I, 3, 198) „zu versehung unserr kellerei zu C. u. B.". — In die Kellereien flossen auch alle Abgaben (vgl. a. a. O. 201); es musste bei diesen komplizierten Verhältnissen genau Buch geführt werden. Auch die Spitäler unterstanden diesen Beamten: § 39 der St. O. von Tauberbischofsheim: „Die Versehung unseres Hospitals soll hinfürder bey unserm Amtmann und Keller stehen." Ferner ist zu gewissem Teile niederste Gerichtsbarkeit mit ihrem Amt verbunden. St. O. v. Tauberbisch. 1527, § 29 (Berb. 108): „Kleine Hendel, Schulden, u. was sich tgl. zutragt u. früher durch das Bürgermeisterampt gerichtet worden ist, nunmehr, da das Bürgermeisteramt abgethan, — werden durch die zwee Rentmeister verwesen." Eine Beteiligung des Rentmeisters (Oberkeller) erfolgt auch am Stadtgericht Grünfeld.

Auch Zoll und Standgeld vom Jahrmarkt nimmt der Rentmeister ein. (Urk. v. 1528, Berberich 332). Weistümer und Dorfordnungen gehen durch die Hand der Keller. Vgl. Weist. von Königheim II. Schluss. Das Gerichts- und Dorfbuch zu Eiersheim von 1583 hat der damalige Keller zu Külsheim angelegt.

7. Der Zehnter („Zehentder"), zu Entgegennahme des Zehnten auf dem Felde (erwähnt z. B. im „Vrteilbrieff" für Hachtel 1501, W. F. 4, 105).

8. Der Ungelter, zur Einnahme des Umgelds. Er hat alle Jahre Rechnung abzulegen. (Lauda, Oberrh. St. R. I, 3, 187, Art. 8).

9. Der Bedsetzer für die Regelung der landesherrlichen Bede, mit der gleichen Verpflichtung (a. a. O.; Berberich 309).

10. Unter der reichen Zahl der Deutschordensbeamten zu Mergentheim (vgl. Schönhuth, Merg. 19) sei nur noch des „Trappirers"

gedacht. (Schmeller I, 672: „Trapiorer: traporius, draperius, qui curam traporum i. e. vestimentorum habuit."*) Er hatte auch einen eigenen Schreiber. (Schönh. a. a. O.) Der Trappierer sei hier angeführt, da sich 1525 die Wut der Bauern ganz besonders gegen ihn richtete, „weil er früher die armen Leute vielfältig beschissen" (a. a. O. 45).

11. Die Schreiber der herrschaftlichen Gerichte (a. v. O.).

12. Der Dorfpfarrer. Wenn ich desselben an dieser Stelle gedenke, so glaube ich, durch die folgenden Darlegungen und Belege mich hinlänglich zu rechtfertigen. Das niedrigste Abhängigkeitsverhältnis des Seelsorgers zur Herrschaft liegt in folgender Bestallungsurkunde klar vor Augen:

„Dt. 1503 uff Valentins Tag, dt. Newenstein. Verpflichtungsurkunde für Herm. Hosen — den Graf Kraft zu einem Capellan u. gedingten Priester gen Untersteinbach im Ornthal annimmt bis auf Abkündigung, damit er die Filialkirche u. l. Fr. daselbst affiziren u. versehen soll.

u. a. persönlich u. wesentlich zu sitzen in der Kirche Haus zu Untersteinbach . . . Item er soll keine offen verläumdte Unkeuscherin oder gezänkische, haderische Magd, die den Nachbarn bedrang, haben noch halten. Er soll der Herrschaft Schaden warnen und Frommen werben, keine Unterthanen vor fremde Gerichte ziehen. Er soll auch unser (Graf Kraft's) u. unsrer Vorfahren Gedächtniß allewegen auf der Kantzel, so er predigen würdt, verkünden u. das Volk ermahnen für uns und sie getreulich zu beten."

Zur Belohnung erhält er neben der Behausung und den Aeckern und Wiesen der Kaplanei 20 fl. jährlich von den Heiligenpflegern der Kirche, an welchen aber für jede unterlassene Messe an Feier- und Samstagen 2 Schillinge abgezogen werden. (W. F. 4, 1, 235.)

Wie allenthalben, so verlangte man auch in unserer Gegend die freie Pfarrwahl: „sol auch ain gemainde macht haben, einen pfarher zu setzen" (Fries II, 179). Allerhand Vorwürfe erheben sich gegen die Geistlichen, diese wollten das Wort Gottes, das „sich in zwaien oder treien Jaren ongeverlich wider an das licht gethan", verdunkeln und den Gläubigen entziehen. (Fries I, 137.) Man sieht nicht ein, warum die „gaistlosen (!) lewt" nicht auch die gleichen Bürden tragen wie die kleinen Leute. (Zweifel b. Baum. 132. Vgl. 134 und sonst a. a. O.) Da und dort will man ihnen auch den Zehnten entzogen haben, den man den Pfarrern anderswo als biblisch begründet zugesteht. Die „gaistlichen wie man sie dan nennet" hätten „doch kain muhe darumb" und thäten „ihre caplan verursachen, den gemaynen man zu verfuren mit lugen u. menschentanden" (Fries II, 180). Soviel mag richtig sein, dass im Gegensatze zum 17. Jh., aus dem sich wahre Jammerbriefe der Geistlichen unserer Gegend zusammenstellen lassen, damals es Pfarrer gegeben hat, deren Vermögen weit über den Durchschnitt hinausging, was ja freilich nicht ausschliesst, dass sich auch schlechte Pfarreien im Lande vorfanden. Eine bemerkenswerte Pfarreirechnung aus dem Jahre 1539 (Wieland, Rött. 83) soll hier Platz finden:

Pfarr-Einnahme pro 1539.

1. An Getreide: Waizen: 4½ Malter — Metzen.
    Korn 39 „ 2 „
    Dinkel 10 „ 6 „
    Haber 59 „ — „
2. An Wein: 22 Fuder
3. An Geld u. zw. an ständigen Zinsen u. aus verkauftem Getreid u. Wein
    239½ fl 30 ₰ 5½ ₰

Pfarr-Ausgaben:

1. An Getreide: Korn u. Waizen: 6 Malter 6 Metzen
    Dinkel 4 „ 2 „
2. An Wein: 9 Fuder 11½ Eimer.
3. An Geld; besonders für den Büttner, fürs Bauen der Weinberge u. Einsammeln der Zehenten:
    103 fl 58 ₰ 5 ₰

Reines Einkommen:

1. An Getreide: Waizen 3 Malter 1 Metzen
    Korn 33 „ 7 „
    Dinkel 6½ „ — „
    Haber 58 „ — „
2. An Wein: 19 Fuder 8 Eimer
3. An Geld: 70 fl 4 ₰ 12 ₰ (Wiel., Rött. 83 ff.)

1 fl. war aber in jenen Zeiten, was jetzt 10 fl. sind!

Damit vergleiche man diese weitere Illustration der Pfarreinkünfte: „Albert von Bibra († 1511) war wohl der reichste

Pfarrer von Röttingen gewesen. Er hinterliess 700 Fuder Wein, 2000 Malter Getreide und 20000 fl. an barem Gelde". (Wiel. a. a. O. 34.) Die Bauern wollten die überreichen Bezüge der Geistlichen möglichst einschränken: „Item welicher alter, vertagter, verlebter priester funfzig gulden jerlich fallen hat, die sollen ime zu erhaltung seines stands folgen, welicher aber mer oder daruber hett, soll die ubermaß, wes uber die gemelten funfzig guldin betrifft, in gemainen nutz gewendt werden" (Baum. 177).

Obenangefügte Rechnung zeigt die Wesentlichkeit der Naturalbezüge unter den Pfarreinnahmen. Namentlich im folgenden Jahrhundert führt das zu den heftigsten Auseinandersetzungen und widerlichsten Szenen zwischen Pfarrherrn und Bauern. Beiderseitige Klagen gehören sozusagen zum eisernen Bestand der Landes- und Gutsherrschaften. Ablösungen, diese nicht immer zum Vorteil der Pfarrer ausgerechnet, gehören erst der neueren Zeit an; vielfach stehen die Naturaleinnahmen auch heute noch zu Recht. So bin ich in Wermutshausen selbst Zeuge gewesen, wie eine stattliche Zahl von Bauernweibern in ihren mit weissen Tüchern verdeckten Körben je 35 Eier und 5 Ballen Butter nach altem Rechtsherkommen in den Pfarrhof trugen. (Konfirmationsgabe.)

Oft genug mochte die damalige wissenschaftliche Ausbildung der Pfarrer manches zu wünschen übrig lassen und der ländliche Pfarrsitz auch zu einer gewissen Verbauerung beitragen, um so mehr, als sie auch oft ökonomisch thätig werden mussten. „Der Pfarrherr soll einen Hertochsen und einen Eber halten, dass die Gemeinde damit versehen ist. Hingegen hat er die Kälberpfennig Macht einzusammeln." (Art. 28 der Pfitzinger G. O.) Vgl. Weist. von Hausen (Grimm III, 572): „auch sprachen sie zum rechten, wer den grossen zehenden habe, der solle der gemeynde einen ochsen halten zu jhrem viehe, vnnd welcher den klein zehenden habe, der soll ein eber halten zu jhren schweinen."

Dritter Teil.

Das Gerichtswesen.

1. Abschnitt.
Uebersicht der Gerichtsverfassung.

Die Gerichte, die zur Reformationszeit für die Territorien an der Tauber bestehen, lassen sich in folgende Klassen bringen:
1. Das kaiserliche Landgericht des Herzogtums Franken zu Würzburg.
2. Oberste Land- und oberste Zentgerichte.
3. Niedere Land- und Zentgerichte.
4. Ortsgerichte, und zwar Gerichte der Städte und Märkte einerseits, Dorf- und Vogteigerichte anderseits.

(Vgl. namentlich die Darlegung von L. Fries bei Rockinger 224.)

Daneben finden sich als „besondere" Gerichte die sogenannten Gast- oder Kaufgerichte. Es sind das ausserordentliche Gerichte, die auf Ansuchen der Parteien zur Erledigung dringender Fälle besonders abgehalten werden und so im Gegensatze zu den regelmäßigen oder Frei-Gerichten stehen. Namentlich Fremden soll hier zu Recht verholfen werden, denen ein „Schaden zu frischer That" geschehen ist.

In Hilkartshausen ruft der Richter die Schöffen dann schon 2 bis 3 Tage vorher zusammen (Dorf-O.). Vgl. Weist. v. Höhefeld § 5: „Item so ein gemeinsmann den andern zu keinem kaufgericht hat zu dringen, es betreffe dann ein handel, den der richter mit etlichen des gerichts achten möchte des gemein gerichts nit zu erleiten." Die Kosten solcher besonderen Gerichte sind von vornherein vom Kläger zu erlegen. — Die Taxe war zumeist 1 fl., wie in Wenkheim (Dorf-O.) und am Weikersheimer Untergericht (O. A. B. 805). Dgl. zu Edelfingen: „Da aber auf ansuchen der parteien Gast- oder Kaufsgericht zu halten begert werden, welches dann einem jeden billig zuzulassen und zu verstatten, so soll die Klagende partei, wan sie also drum ansucht, ehe wann das Gericht angefangen, für die sportull oder Einlag Geld einen Gulden auszahlen und erstatten" (Dorf-O.). In Hilkartshausen hat der Kläger 32 Pfennig und ein Viertel Wein und jedem Schöffen 12 Pfennig zu erlegen (Dorf-O.). In Höhefeld (Weist. § 1) bestand die Bestimmung: „— es were ein gastgericht oder eim froembden umb ein schaden zu frischer dait entgegent, das sal uf erfordern uf stund gehalten und rechts verholfen werden uf des clagers coste, nemlich fur ein soliche gericht $10^1/_2$ β 5 ϑ." Kaufgerichte werden ferner auch für Igersheim und Pfitzingen erwähnt.

Weitere ausserordentliche Gerichte neben den regelmäßigen erscheinen als sogenannte **Ruggerichte**. Sie finden in Hilkartshausen zweimal im Jahre statt, in der Goldwochen nach Pfingsten und in der Goldwochen im Herbst (Woche des Freitags und Sonntags der Quatember. D. O.). Im Rothenburgischen erscheinen unter diesem Namen Gerichte mit grösserem Sprengel, so ein „Ruggericht zu Ohrenbach", das von allen Dörfern der Zent Endsee drei Mal im Jahre besucht wird und alle Streitsachen in seine Kompetenz zieht, die das Zentgericht von Reichordsrode nicht erledigte. Nur die vier hohen Rügen sind auch hier ausgeschlossen. Diesem Ohrenbacher Ruggericht steht zur Seite ein gleiches zu Wörnitz, das auch als „Geschrei" oder als „die Freiheit von Wörnitz" auftritt (Bensen H. U. 379, 474). Im Wertheimischen ist Ruggericht geradezu so viel wie niederes Zentgericht (Aschbach I, 389).

Der Name „**Freigericht**" endlich bedeutet nichts anderes als das gewöhnliche ungebotene Dorfgericht: Dorfordnungen von Hilkartshausen, Pfitzingen, Gerlachsheim, Edelfingen. In Igersheim heisst das ungebotene Ding: „ein offen frei oder storckh (Stark-) Gericht (Designation v. Igersheim).

In so verschiedenen Händen nun auch die Gerichtsbarkeit liegen mochte, in der Theorie hielt man trotz jus de non appellando et de non evocando noch immer an der alten Rechtsauffassung fest, dass der deutsche König Ursprung und Quelle alles Rechtes sei und jedes Gericht unter Königs Bann stehe. (Zentweist. v. Wertheim § 1: „daz man daz gerichte heget mit dem künige etc.*)

Was die **Gerichtspersonen** anlangt, so kann auf den Abschnitt über die herrschaftlichen Beamten verwiesen werden. Des Büttels ist bei den Dorfbeamten nähere Erwähnung gethan. Ueber die Schöffen siehe insbesondere 3. Abschnitt dieses Teils.

2. Abschnitt.
Die einzelnen Gerichte.

Eine Relation um 1550 (über das Landgericht der Nürnberger Burggrafen) lässt sich folgenderweise aus: „Als aber das Cammergericht vffgericht worden, seindt die Landgericht wie der Monschein wan der tag vnd Sonnenglanz her für bricht ver schwunden vnd in abgang kohmmen. Also daz Niemand mehr so immediate vnterm Reich Zu recht stehen darf." (Bensen H. U. 296.)

Es hat sich aber insonderheit ein bedeutsames unter diesen alten kaiserlichen Landfriedensgerichten bis ins 16. Jahrhundert herübergerettet, das bei dem beträchtlichen Anteil des Stiftes Würzburg an den Tauberlanden nicht unerwähnt bleiben darf. Es ist das sogenannte „Landgericht des herzogthumbs zu Franckenn". Dasselbe charakterisiert ein gewisser feudaler Zug: Die Schöffen dieses Landgerichtes mussten mindestens ritterbürtig sein (also keine Kleriker oder Juristen): „Es sitzt ain Domher des capitels zu Wirtzburg an der bischofs stat als ain richter, vnd neben jme von alterhere siben frome verstendige redliche vnd erfarne rittere aus dem adel des hertzogthumbs zu Franken zum schild vnd wapen erboren etc." (Fries b. Rockinger 190 ff. Vgl. a. a. O. 213.) Jährlich fanden 11 Landgerichte mit je 3 Gerichtstagen statt (a. a. O. 232). Diese eigentümliche Stellung des Würzburger Fürstbischofs als Landfriedensrichter an Kaisers Statt charakterisiert die Devise des Hochstiftes: „Herbipolis sola judicat ense stola", was Lorenz Fries wiedergibt mit dem Reime:

Dem Bischof zu Wirtzburg allain
jst das schwert vnd stol gemain.

(Rockinger 194 ff., 180.)

Das alte Gericht zeigte freilich auch manche Schwächen des Alters. Gewohnheitsrecht. die „alten Landesgebräuche" werden von den Parteien geltend gemacht und müssen Berücksichtigung finden. Eine Kodifikation war für den Richter durchaus nötig, aber erst spätere Jahrzehnte suchten diesem Mangel abzuhelfen. (Rockinger 231 ff.) Der Gang des Prozesses basierte auf den „Reformationen" der Fürstbischöfe Gottfried (von Limburg 1443—55) und Lorenz von Bibra (1495—1519). Diese aber hatten dem Verfahren nichts von seinem schleppenden Gang genommen. Ein drittes missliches Moment an diesem Landgerichte waren offenbar unverhältnismäßig hohe Gerichtstaxe, die der Landschreiber im voraus einzog. (Aktenmäßiges Beispiel bei Rockinger 231.)

Neben dem Landgericht bestand in Würzburg als weiteres höheres Gericht das sogenannte Landrecht, als „oberst zent" ein Appellationsgericht für die einzelnen Zentgerichte des Stiftes. (Fries b. Rockinger 189, 224.) An diesem Gerichte sitzen 9 Schöffen, „die von ainem bischof zu Wirtzburg als hertzogen zu Franken aus seinen burgern zu Wirtzburg erkoren vnd genommen werden, welche neben einem schultaisen zu gericht sitzen, vnd in allen burgerlichen sachen fur sie gehörend vrtail sprechen (a. a. O. 189 ff.). In „peinlichen Sachen" wird die Zahl der Schöffen auf 14 erhöht (a. a. O. 190). Unter den 3 Orten, aus denen diese 5 weiteren Gerichtspersonen entnommen werden sollen, vertritt indes keiner die Gegend an der Tauber.

Die Grafschaft Wertheim hat als ein oberstes Landesgericht das Hals- und Zentgericht in Wertheim, Hohenlohe ein solches in Weikersheim, Deutschorden in Mergentheim (Neuhaus). In Rothenburg setzt sich die „hohe Zent", die Nachfolgerin des kaiserlichen Landgerichts in Rothenburg, aus dem inneren Rat zusammen.

Unter diesen obersten Landesgerichten stehen nun jeweils in den grösseren Territorien mehrere (niedere) Zentgerichte (auch „Halsgerichte"), die einen grösseren Landbezirk als Gerichtssprengel aufweisen. Von würzburgischen seien erwähnt die Zentgerichte zu Röttingen (Wieland 30) und Lauda (Oberrh. St. R. I, 3, 184 ff). Röttingen wird sein Zentgericht 1554 von Karl V. neu verliehen. Abgehalten wurde es auf dem Marktplatz oder im Rathaussaal. Das Gerichtspersonal bestand aus dem Zentgrafen und 12 Schöffen. Von diesen gingen 6 aus dem Rat der Stadt hervor, die übrigen 6 verteilten sich auf die Dörfer des Bezirks: Baldersheim, Bieberehren, Gaukönigshofen, Riedenheim, Sonderhofen und Tauberrettersheim. Die Exekution des Urteils war dem jüngsten Mitglied des Rats zugeteilt. (Wieland, R. 77.) In das Landaer Halsgericht gehörten neben der Stadt auch die Dörfer Oberlauda und Heckfeld. Im mainzischen Tauberland erscheinen die Zentgerichte zu Bischofsheim, Krautheim-Ballenberg (Oberrh. St. R. I, 3, 198 ff.) und Königshofen. Des ersteren Bezirk umfasste nach einer Amorbacher Urkunde von 1491 (Auszug bei Krieger, Top. W. B. S. 778) ausser der Stadt 19 weitere Orte.

Von Bedeutung ist weiterhin das „Zentgericht auf der Hard" mit einem Gerichtssprengel von sehr beträchtlichem Umfang. Unter den Orten erscheinen u. a. Finsterlohr, Archshofen, Crainthal, Frauenthal, Creglingen, Ebertsbronn etc. etc. (Vgl. u. a. Schönhuth, Cregl. 135.) Zentgerichte bestanden ferner auf Neuhaus bei Mergentheim, u. a. mit Neunkirchen (O. A. B. 657), zu Markelsheim, zugleich Zent für Wachbach (a. a. O. 629, 759). Die Weikersheimer Zent hatte 1542 11 Orte unter sich (a. a. O. 804).

Rothenburg hielt viermal im Jahr das sog. „Bauerngericht vor der Pforte" (vor dem Burgthor). Gerichtspersonen waren 6 Mitglieder des äusseren und 2 des inneren Rates unter dem Vorsitz des „äusseren Richters". (Bensen, II. U. 286, vgl. Zweifel b. Baumann 565.) Unabhängig von diesem bestand noch bis 1530 ein besonderes „Zent- und Obervogtsgericht" in Reichordsrode, das dann auch im „Bauerngericht" aufging. (Bensen II. U. 374, 379.) Eine weitere eigene Zentgerichtsbarkeit zu Oberstetten, die Ansbach der Reichsstadt streitig machte, wurde letzterer durch einen Vergleich von 1525 zugestanden (a. a. O. 481).

Mit der Bezeichnung „Ortsgerichte" fasse ich jene niedersten Gerichte zusammen, deren Wirkungskreis auf eine einzelne Gemeinde beschränkt ist, allenfalls vielleicht noch die allernächsten kleinen Ortschaften einschliesst. Es sind die Stadt- und Markt-, dann die Dorf- und gutsherrlichen Gerichte. Vgl. Fries-Rockinger 224: „Zum andern haben die stete, märckte vnd dorfere in den ampten des stiffts hin vnd wider in häblichen vnd personlichen spruchen in fellen die fur vnd an das landzent- oder halsgericht nit gehören ire sundere gerichte."

Von Stadtgerichten seien erwähnt das zu Bischofsheim (Neue St. O. 1527, § 29, Berberich 108), Grünsfeld (a. a. O. 312), Krautheim (St. O. Art. 28, Oberrh. St. R. I, 3, 204), Weikersheim (O. A. B. 805), Creglingen (Schönhuth 10), Mergentheim (W. F. 4, 105). Das letztere entscheidet z. B. die Klage des Dorfes Wachbach gegen seine Filialorte Hachtel, Dörtel und Stuppach (a. a. O.). Alle diese Gerichte setzen sich zusammen aus dem Bürgermeister (Bischofsheim), bezw. dem herrschaftlichen Stellvertreter als Vorsitzenden (Schultheiss, Vogt, in Mergentheim ein „Haußcomator vnd richter zu Mergetheym, Teutschordens"), dem Schöffenkolleg, das aus dem städtischen Ratskolleg hervorgeht, und dem Stadtschreiber. In den Amtsbezirk des Stadtgerichts waren meist die nächsten Dörfer einbezogen, wie in Grünsfeld.

Die Dorfgerichte erscheinen häufig unter dem Namen der
„geschworenen Montage", als dem herkömmlichen Gerichtstage des echten Dings. (Weist. v. Sonderriet § 3. Kreuzwerth., Dieffenthal,
Hausen, Waltenhausen § 2.) Auch die Dorfgerichte sind zuweilen nicht
auf die eine Dorfgemeinde beschränkt, z. B. das Wachbacher Gericht
umfasst noch weitere acht kleine Ortschaften (O. A. B. 759).
Wo, wie das nur zu häufig vorkam, die Dorfherrschaft nicht
in einer Hand lag, sondern ein sog. Kondominat von zwei oder
mehr Herren existierte, war natürlich der Streit über die Ausübung
der Gerichtsbarkeit über die Dorfinsassen ein ganz gewöhnlicher.
Das Weistum von Bülfrigheim z. B. beschäftigt sich eigentlich
lediglich mit dieser Frage. Es bestimmt, „daß ein graf von
Wertheim, seine erben, vnnd die herrschaft, oder die ihren daselbst
zu B. das recht von alter hetten ein gericht da zusetzen" — „doch
so hab der abbt vnnd die herren obgenannt (die Abtei Amorbach)
kein recht, kein gericht da zumachen, oder da zubestellen". —
1474 vergleichen sich Hans und Peter von Finsterlohe und Leonhard
Wernitzer mit dem Prior des Klosters Tückelhausen wegen der
Gerichtsbarkeit zu Vorbachzimmern (O. A. B. 751). Auch in Wildentierbach ist das Ortsgericht Gegenstand eines Vergleichs (1525),
der dieses Rothenburg zusprach, während Ansbach leer ausging.
(Bensen H. U. 481.) In Archshofen einigt man sich dahin, dass Stadt
und Markgraf auch in die Gerichtsbarkeit sich teilen. (Schönhuth,
Cregl. 105.) Vergleiche der Kondominate haben auch wohl die
Verteilung der Gerichtsbußen zum Gegenstand. Weist. v. Hausen:
„was dann also zu busse gefället, so ist zwey pfundt eines probstes,
vnnd ein halb pfundt vnsers genedigen herren von Wertheim oder
seines amptmanns." (Grimm, Weist. III, 571.) — Weist. v. Dieffenthal:
„was dann also zu busse gefället, das ist alles, das zweyte theil
des probsts, vnnd das dritte theile vnsers gnedigen herrn von W.,
oder seines amptmanns." (A. a. O. III, 565 unten.) Vor allem aber
suchte man Eingriffe benachbarter und fremder Gerichtsbarkeit
hintanzuhalten. So enthält das Wenkheimer Gemeindebuch die
Bestimmung, niemand dürfe ein auswärtiges Gericht angehen.

Eine scharfe Grenze zwischen Dorf- und gutsherrlicher
Gerichtsbarkeit ist nicht mehr zu erkennen. Beide berühren sich
vielfach. Das Dorfgericht gruppiert sich um den Repräsentanten
der Dorfherrschaft, dieser ist der eigentliche Mittelpunkt der
gerichtlichen Thätigkeit. Das Schöffenkolleg hat freilich theoretisch

noch seine alte Stellung, aber, wenn auch die alten Formen geblieben sind, die geistige Direktion, die thatsächliche Leitung, damit geradezu die Entscheidung liegt in Händen der Herrschaft. Die Notwendigkeit des Entwicklungsprozesses, dessen Resultat sich als das völlige Aufgehen des Dorfgerichtes im Vogtgericht darstellt, war vorauszusehen. Die starren Formen des alten Schöffengerichts hat nicht absolut nur brutale Gewalt von Dorfherrn hinweggefegt, sie genügte auch dem Bedürfnis der kommenden Zeiten immer weniger. Dass man es oft vorzog, wo nicht sich zu vergleichen, so das Schiedsgericht des Schultheißen in Anspruch zu nehmen (vgl. z. B. Weist. von Kreuzwertheim), zeigt, dass eben der Bauer selbst die rasche Entscheidung des stets paraten gutsherrlichen Einzelrichters dem nur in längeren Zeiträumen wiederkehrenden, langsam verfahrenden Schöffengericht und gar dem kostspieligen Kaufgericht unbedenklich vorzog. Dieser Umstand ist wohl nicht zu gering anzuschlagen, wo es gilt, die Gründe für das Niedergehen der Dorf- und das Anwachsen der herrschaftlichen Gerichtsbarkeit abzuwägen. Es war auch leicht, Erfahrung und zeitgemäße juristische Bildung der herrschaftlichen Beamten gegenüber dem alten Institut der schöffengerichtlichen Verfassung auszuspielen, deren Träger zu innig mit den alten Rechtsanschauungen verwachsen waren, um mit Sicherheit sich da noch behaupten zu können, wo der fast endgiltige Sieg der römischen Jurisprudenz diese Kreise in ihrem traditionellen Rechtsbewusstsein an sich selbst irre werden liess.

3. Abschnitt.

Die Schöffen.

Die altgermanische Rechtsidee, dass das ganze Volk der Richter sei, hatte bereits im frühen Mittelalter der Notwendigkeit sich fügen müssen, die auf die Schaffung eines ständigen Ausschusses der Gemeindemänner hindrängte und so das Richterkollegium der Schöffen schuf. Die übrigen Gemeindemitglieder erscheinen nur mehr als die Dingpflichtigen, die, wo nicht selbst an der Sache direkt beteiligt, eben als der „Umstand" (z. B. in der Designation von Igersheim) lediglich Zeugen des Gerichtsherganges darstellen.

Andere Namen für die Schöffen sind: „Gerichtspersonen", „Stuhlgenossen" (a. a. O.), Zwölfer (Althausen, Urkunde v. 1596, O. A. B. 450), Sendtscheffen, Gemeindscheffen (Wt. Königheim II, § 4). Die Zahl der Mitglieder des Schöffenkollegs ist keine durchaus gleiche. Die Zwölfzahl hatte der Schwabenspiegel (Land R. Art. 172: „Ez ist etwa gewonheit, daz man zwelf manne minet die svln gerichtes helfen",) als die regelmäßige in Süddeutschland normiert. In der That begegnen wir auch an der Tauber meistens 12 Mitgliedern des Gerichts: Wt. von Königheim II, § 4, D. O. von Hilkartshausen und Edelfingen, zu Althausen (O. A. B. 450), Simmringen (O. A. B. 738) und am Untergericht zu Weikersheim (O. A. B. 805). Anderwärts sind es auch wohl 14, wie am Wertheimer Zentgericht (Weist. „Frevel zu Wertheim") oder 9 Schöffen, wie in Höhefeld (Wt. § 4).

Die 12 Richter werden aus den Gemeindemännern und regelmäßig auf Lebenszeit erwählt (vgl. z. B. D. O. von Hilkartshausen). Voraussetzung der passiven Wahlfähigkeit ist insbesondere Ehrbarkeit und guter Leumund (Weikersheim: O. A. B. 805). Daneben suchte man auch die möglichste Unparteilichkeit zu wahren, indem „Blut Freund und Gesippschaft" Grund gab, einen Schöffen als befangen ausscheiden zu lassen (D. O. von Edelfingen). Gesetzt, d. h. bestätigt und in ihr Amt eingeführt werden die gewählten Schöffen durch den Vertreter der Herrschaft (Wt. der Zent Wertheim § 5; Simmringen [Kloster Schönthal]: O. A. B. 738). Dem Amtmann hat jeder Schöffe in die Hand zu geloben und zu schwören, dass er sein Amt nach bestem Gewissen ausfüllen werde (Weist. des Zentgerichts zu Wertheim § 4).

Die vornehmste Thätigkeit der Schöffen als Bewahrer des überlieferten Ortsrechtes ist ihrem Namen gemäß dieses zu „schaffen" („finden") und zu „weisen". Vgl. z. B. Weist. von Kreuzwertheim: „an einem vollen gehegten gerichte wiesen die schopfen in gegenwertigkeit der gemeinde." Ferner Eingänge der Wt. von Hartheim und Wertheim. Nach dem Gerlachsheimer Protokollbuch „werden die gemainen Dorffs-ämter durch den Closter-Verwalter bestellet mit rat der Gerichtschöpfen".

Wenn das Gericht bei einander ist und aus den Reihen der Schöffen einer durch Tod abgegangen ist oder als „mangelhaft" abgelehnt werden soll, so besteht wenigstens in Hilkartshausen das Recht der Kooptation (Dorf-O.). Hierauf geht vom Richter an die Schöffen, Mann für Mann, die Frage, ob das Gericht nun als recht besetzt zu erachten sei. (A. a. O. vgl. diese Frage ausser noch weiteren „Umfragen" in der Igersheimer „Designation" O. A. B. 585.) Die Schöffen „finden das Urteil". — Wer Schöffe ist, bekleidet ein Ehrenamt und hat daher keinen Anspruch auf eine eigentliche Besoldung. Doch hat ihm der Gerichtsgebrauch Anteile an den Strafgeldern zugestanden. (Wt. v. Kreuzwertheim § 6.) In Hilkartshausen gebühren ihnen z. B. von der höchsten Buße = 32 ₰, 10 ₰, in Edelfingen fällt ein Drittel der Bußgelder an das Ortsgericht. (Dorfordnungen.)

4. Abschnitt.
Der Prozess.

Spuren der alten Scheidung der Gerichte in ungebotene und gebotene Dinge finden sich in örtlichen Quellen noch im Reformationszeitalter und darüber hinaus. Das Wt. von Bülfrigheim spricht von „vier vngebotten gerichten in dem jar", die Dorf-O. von Pfitzingen gleichbedeutend von einer „gesezten Gemeindt". Aehnlich im Gerlachsheimer Protokollbuch: „Es hat zu Gerlachsheimb Ein besetzt Dorff Gericht." Sonst finden sich entsprechende Ausdrücke z. B. in Schweigern (Dorf-O. p. 47) als „Selbotten gericht", in Königheim (Wt.) als „offen besetzt gericht" und in Stetten (Wt. II) und Kreuzwertheim (Weist.) als „volles gehegt gericht".

Was den Ort der Dorfgerichte betrifft, so kann hier auf das oben bei der Gemeinde Gesagte verwiesen werden. Auch die höheren Gerichte hielt man noch späterhin gern unterm freien Himmel ab, so das Zentgericht zu Weikersheim (1542). (Hohenlohe'sche Ordnung O. A. B. 804.)

Ueber die Zeit der Gerichtssitzungen und die Wiederholung des ungebotenen Dings im Jahre gab es allerorts verschiedene Bestimmungen. In Wertheim war bestimmt: „An allen gerichten der herrschaft W. söllen die urtheiler von sant Ambrosien tag bis zu unser frauentag nativitatis (4. Apr. bis 8. Sept.) zu funff uhren u. von nativitatis Marie bis Ambrosien tag zu siben uhren zu gericht sitzen u. der partheien ain stund und nit lenger warten." Im Sonderrieter Wt. (§ 3) findet sich als Zeitangabe für das Dorfgericht „bi sonnen schine". — Ursprünglich war wohl alle 14 Tage ein Gerichtstag, so früher in Igersheim (nach der „Designation"), am Bauerngericht der Reichsstadt Rothenburg anfangs gar jeden

Samstag. (Bensen H. A. 287.) Zwei Gerichte jährlich finden sich in Hilkartshausen (D. O.), Wenkheim (D. O.), drei in Gerlachsheim (Protokollbuch), Dettwang (Baumann 182), Simmringen (O. A. B. 738), Igersheim (Designation), Sonderriet (Wt. § 3): „dri gesworne mautage, zü offen dagen, item den ersten noch ostern, den andern noch s. Michels dage (29. Sept.) und den dritten noch dem achtzehensten (13. Jan.). Dgl. in Dieffenthal: „drey geschworen montag in einem jeglichen jahre besonder." Vier ungebotene Gerichte im Jahr hat Schweigern (D. O. p. 47), Edelfingen (D. O.: „alle quartal oder virtel jars eines"), Bülfrigheim (= Pülfringen-Wt.). So zuletzt auch am Rothenburger Bauerngericht (Bensen H. U. 287). Anderwärts gab es überhaupt keine feste Zahl, und war es dem Belieben der Herrschaft anheimgegeben, das Gericht einzuberufen. So war altes Herkommen der Wertheimer Zent (Wt. § 7): „Auch mag ein amptmann unsers herren von W. daz gericht uf slagen ader gerichte haben, wanne er wiel, u. auch als dicke als er wiel." Ebenso war es in Waltenhausen (Wt. § 2), wo der Gerichtsherr geschworene Montage hält, „welche zeit er im jare die durch die seinen haben will". Dgl. Königheim (Weist.): „item auch mag u. gn. h. v. Menze oder die sein gericht haben zu K. mit sinen eigen leuten u. mit den lantsiedeln, wann er will."

Auch im 16. Jahrhundert eignet dem Gericht noch der Charakter des strengen und feierlichen Zeremoniells, das dem altgermanischen Prozesse Bedingung war. Gerade das Land hielt noch mit bäuerlicher Zähigkeit an den überlieferten Formen fest. Zum Weikersheimer Zentgericht muss der Zentgraf hoch zu Ross erscheinen, mit Stiefel und Sporen, Harnisch und Eisenhaube (Hohenlohe'sche Ordn. v. 1542. O. A. B. 804).

Die Gerichtsleitung liegt in Händen des Vertreters der Herrschaft, des Amtmanns oder Schultheissen. Dieser Richter hat Zeichen seines Amtes den Gerichtsstab in Händen (Weist. v. Wertheim § 2, Weist. v. Bülfrigheim, Weikersheim: O. A. B. 805, Protokollbuch von Gerlachsheim, D. O. von Hilkartshausen und Designation von Igersheim 1537). In Igersheim wird der Richtstab vom Amtmann dem Schultheissen übergeben, der dann den „Umstand" zu Zeugen aufruft, dass ihm durch dies Symbol die herrschaftliche Gerichtsgewalt dem Rechte gemäß übertragen worden sei (Designation von Igersheim).

In Igersheim (Designation) wird zunächst Umfrage im ganzen Gericht gehalten: „Also, N. N., frage ich Euch, welcher oder wer dies offen frei oder storckh Gericht zu schützen, zu setzen oder zu entsetzen, zu gebieten oder zu verbieten habe." Nach der Antwort der Gerichtspersonen fragt der Richter jeden Schöffen einzeln, ob das Gericht auch recht besetzt sei. In Hilkartshausen geht letztere Frage mit Antwort voran und erscheint statt der ersteren die einfache Erklärung des Richters: „er hege das Gericht wegen des Rats in Rothenburg, wegen des Spitalmeisters, als des eigentlichen Richters, und wegen aller Personen, die Recht nehmen oder geben wollen." In Igersheim ergeht alsdann der Befehl des Schultheissen an den Büttel: „Büttel, Ich befehle Dir an, daß Du das Frei-Gericht behegest!" In der Folge die weitere Aufforderung an die Schöffen, zu bestätigen, wenn das Gericht recht behegt sei und die Verkündung der bejahenden Antwort an den Umstand.

Nunmehr ergeht die dringende Aufforderung an das Gericht, bei Strafe zu rügen, was immer dem Einzelnen bewusst sei, und mit seiner Klage aufzutreten. In Hilkartshausen lässt der Richter jeden Gemeindemann vor sich kommen und ermahnt ihn, seinem Schwur getreu, nichts zu verschweigen. In Igersheim werden vom Schultheissen bei nochmaliger Vermahnung die rügbaren Vergehen einzeln aufgezählt und auch der Hinweis auf die Verantwortung vor dem jüngsten Gericht nicht vergessen. Ein Kläger nach dem anderen tritt auf. Der Fremde, der zu klagen hat, wird erst angehört, wenn die Gemeindemänner sämtlich gehört sind. (Hilkartshausen.)

Die Parteien verhandeln nach altem deutschen Recht noch immer mündlich und öffentlich (Edelfingen, D. O. von 1601). In Hilkartshausen treten noch die Fürsprecher für die Parteien ein. Hier gilt auch: „Wer selbst in das Gericht spricht, büßt 15 Pfennig."

Kann der Kläger seinen Schaden nicht selbständig angeben, so kann er verlangen, dass das Gericht ihm denselben taxiere: Wt. von Höhefeld § 6: „Ist gemacht, ob einer dem andern oder durch die sein und das sein schade geschee, soll der clager, wu er anders sein schaden nit zue bezeugen weise, den schaden besichten u. achten lassen, darnach man sich, so es recht quem, wist zu richten."

Zum Beweise werden Zeugen aufgerufen. Diese erhalten in Hilkartshausen 24 Pfennig als Zeugengebühr. Die Folter als Beweismittel führt an die Hohenlohische Zentordnung für Weikersheim von 1542. Man gebraucht sie nach Umständen bei der Voruntersuchung, doch war bei ihrer Anwendung notwendig, dass Zentgraf, Gerichtsschreiber und zwei Schöffen zugegen waren.

Ehe es zur Verkündung des Urteils kommt, haben in Hilkartshausen beide Parteien den Stab des Richters anzurühren und zugleich an Eidesstatt zu geloben. sich dem Urteil auch fügen zu wollen. So in Hilkartshausen. Dort hat auch die klagende Partei als „Klagschatz" den derzeitigen Geldwert eines Viertel Weins bei Gericht zu hinterlegen. In Igersheim ist von einem „Einlaggeld" Abstand genommen, was die Gerichtsdesignation aber als im Gegensatz zu wohlbegründetem Gebrauch anderwärts stehend hervorhebt. Die verschiedenen vorgebrachten Rügesachen werden je einem Schöffen zur Begutachtung übergeben: Igersheim: „So darnach ein Casus oder rügbare Sach würd vorgetragen, wird dieselbe einem des Gerichts zu bedencken heimgesetzt, doch je allweg einem andern eine sonderbare, wofern dass viel angezeigt würden." Die Schöffen treten dann zur Urteilfällung zusammen. Der älteste Schöffe nimmt etwa die Stellung des heutigen Obmanns der Geschworenen ein und wird vom herrschaftlichen Beamten um Mitteilung des Urteilspruches angegangen. Dieses Urteil ist inzwischen durch den Gerichtsschreiber schriftlich fixiert worden und wird nun vorgelesen. Alles mit dem umständlichen Zeremoniell von Fragen und Antworten. (Igersheim.)

War am Zentgericht eine Urteilssitzung zu halten, so wurde der Termin drei Tage vorher den Orten des Zentsprengels und dem Beklagten besonders verkündigt (Zentordnung für Weikersheim O. A. B. 804).

Die Verwendung der Bußen war allerorts verschieden, in Hilkartshausen bekommt der Richter von dem höchsten Bußgeld = 32 ₰ 12, die Schöffen 10 ₰, der Kläger, wenn er obsiegt, 5 ₰, das Gericht 2 ₰, den Ueberrest teilen Richter und Kläger. Wird aber die Klage als falsch erwiesen, so ist, was der Beklagte hätte zahlen müssen, vom Kläger zu leisten. (Hilkartshausen.)

In Igersheim erfolgt im Anschluss an das Urteil des Freigerichtes die offizielle Aufnahme neuer Bürger. Sie werden von der Herrschaft „zu Pflichten angenommen" und leisten den entsprechenden Schwur. Die Gemeinde selbst nimmt den Schwur der Neuaufgenommenen erst später entgegen: „Der Gemeind müssen sie schwören, wenn man nach der Hl. Kreuzwochen (vor Himmelfahrt) die Gemein-Ordnung im Beiwesen der Neusamer (Neusesser) verliest."

Von der Möglichkeit der Appellation ist späterhin noch die Rede. Was die Gerichtskosten anlangt, so war es naheliegend, sie dem Verurteilten aufzubürden. So in Sigmaringen (1442. O. A. B. 738). Am Laudaer Halsgericht trug die Kosten bis 1494 einseitig der Kläger. Da man aber zur Ueberzeugung kam, dass die Furcht vor den Kosten Manchen bestimmte, eine wohlbegründete Klage fallen zu lassen, und mancher Frevel so ungeahndet blieb, ward die Bestimmung getroffen, dass die Gerichtskosten künftighin als eine Art Steuer auf sämtliche Bürger zu repartieren seien. (Oberrh. St. R. I, 3, 184.) So war auch das Dettwanger Ortsgericht auf Rechnung der Gemeinde, die das einzelne Gericht auf 16 fl. Kosten taxiert. Vgl. eine Beschwerde von 1525, mit dem Ersuchen der Dettwanger, in Rothenburg selbst Recht nehmen zu dürfen, bei Baumann 131. Das Mergentheimer Stadtgericht entscheidet in einem Streite zwischen mehreren Landgemeinden, dass beide Parteien die Gerichtskosten zu tragen hätten, die siegreiche wie die unterlegene. (1501, W. F. 4, 105.)

5. Abschnitt.

Sachkompetenz der Gerichte.

Wir gedenken in Anbetracht seiner Sonderstellung zunächst des bischöflichen „Landgerichtes des Herzogtums zu Franken" als obersten Gerichtes des Würzburger Landes. Durch Arbeiten des M. Lorenz Fries aus jener Zeit (vgl. b. Rockinger 186 ff.) sind wir in der Lage, die Zuständigkeit dieses Gerichtes bis ins einzelne verfolgen zu können. Es sind im allgemeinen folgende Gegenstände: „raub, brant, aigen, lehen, leut, peinlickait u. blutsrach." Im einzelnen gibt dann Fries folgende bemerkenswerte Aufstellung:

1. Praedae, raub, rauberey, plackerey, landfridbruch, vergwaltigung.

2. Incendia, brant, mortbrant.

3. Vindicta sanguinis, scilicet effusi vel effundendj ob maleficium. blutsrach, blutszwang, ban vber des blut.

4. Allodia. erb oder aigen das ist hebliche spruch vber erb vnd aigen, stain vnd rain, grunt vnd bodem. aus den komen | erbschaft, erbtail, tailung; testament, codicill, letztwillen, geschefft, legaten; vbergab, vermechtnus; vormundschafft, pfleg; ehebetaidung, verheiratung, ainkintschaft voraus; verzig, heiratsgut; ledigung aus vaterlichem gewalt; bestetigung aller obberurter vnd anderer sachen vnd verträge.

5. Beneficia. lehenssachen.

6. Homines. leibaigenschafft, volg, rais, dienst, personlich spruch, als schuld, schmäsachen, kampf etc., bitzig purgation oder benennung vfgelegten vnbillichen leymnats.

Darnach sein auch volgende sachen daran gezogen vnd verrecht worden: wain ain her oder edelman kaem lehengericht zubesetzen. —

Das hohe Zentgericht hat mit der Uebernahme der Kompetenz des einstigen kgl. Landgerichts insbesondere auch den Blutbann an sich gebracht. Die Grafschaft Wertheim hatte sich z. B. dieses Regal von K. Sigismund 1417 verbriefen lassen (Aschbach). Vgl. Wt. der Zent zu Wertheim § 16: „Auch hat unser herre von Wertheim den gewalt, daz er den galgen mage heiszen sezen wu ader an welche stat er wiel in Wertheimer mark." Der Wertheimer Zent eignet allein in der Grafschaft das Recht, „zu schicken in der freiheit, das den hals antrifft". Vor dieses Gericht gehören im einzelnen: Mord, Strassenraub, Brand, Diebstahl und „sonstige frefel, grois adir cleine" (Wt. „Frevel zu Wertheim" und Aschbach I. 389). Auch im Rothenburgischen kommen vor die Hohe Zent die sogenannten „4 hohen Rügen", als Mord, Raub, Brand und Notzucht. Als diese oberste Zent der ganzen Rothenburger Landwehr fungiert hier der innere Rat der Reichsstadt (Bensen, H. U. 372). Im Hohenlohischen nimmt die gleiche Stellung ein die Weikersheimer Zent (O. A. B. 802). Im Deutschordensgebiet konkurrieren die Blutbanngerechtigkeit des Ordens in Person des Deutschmeisters mit derjenigen der Stadt Mergentheim, die eigenen „Stock oder Galgen" aufrichtet (Schönhut, M. 28).

Im Würzburgischen entscheiden die (niederen) Zent- und Halsgerichte, Gerichte grösserer Landbezirke, ebenfalls über

Leib und Leben, soweit die Fälle nicht bereits vom obersten Landgericht in Anspruch genommen sind. Vgl. Fries bei Rockinger 162: „wie der blutban verlihen werde, dauon ist ein sunder buch (in der Würzburger Registratur) gemacht." Die Rechtspflege an diesen Gerichten gründet sich auf die „gemeine Halsgerichtsordnung" Georgs von Bamberg von 1507. die auch im Würzburgischen Eingang gefunden hat (a. a. O. 164). Man appelliert von den einzelnen Zentgerichten au „das Landrecht zu Würzburg als die oberste zent" (a. a. O. 189 ff. u. 224). Solche würzburgische Hals- und Zentgerichte bestehen an der Tauber 2, zu Lauda und zu Röttingen (Oberrh. St. R. I, 3, 184; Wieland, Rött. 30). Vor ersteres gehörten u. a. „diepstall und anderes unvertigtes wesen". Auch das mainzische Zentgericht, dessen Gerichtssprengel sehr viele Dörfer umfasste, heisst vor allem ein „Blutgericht" (Berberich 311). Nach einer Urkunde des Fürstlich Leiningen'schen Archivs in Amorbach (Ausz. b. Krieger, Top. W. B. Art. Tauberbischofsheim) kommen vor diesem Gericht zur Aburteilung: „alle hendele vmb erbschaft, schulden, scheltwort vnd alles, was sie zu schicken haben, nichts vßgenommen." In der neuen St. O. von Bischofsheim 1527 (Berberich 108) findet sich § 24 die Bestimmung, dass „Malefiz- und peinliche Sachen sollen nach der Reichs-O., wie zu Worms beschlossen, gehandelt werden" sollen. Die niederen Zentgerichte im Wertheimischen richten über Mordgeschrei, Diebstahl, Verwundung und Verrückung der Marksteine. Ihre Kompetenz war nach oben durch die Sachkompetenz der Wertheimer Zent, dann durch Festsetzung einer sogenannten „hohen Buße" gleich 4 fl. eingeschränkt, über die hinaus das niedere Zentgericht nicht mehr zuständig war und die Parteien an die Wertheimer Zent verwies (Aschbach I, 389). Da allgemeine Anzeigepflicht bestand, galt für genannte Gerichte auch der Name des Rügegerichts. Ein solches war im Rothenburgischen das Ohrenbacher Ruggericht, dessen Kompetenzen die des Obervogtgerichts in Reichordsrode ergänzte. Nur von den „hohen Rügen" der Rothenburger Zent war jenes ausgeschlossen (Bensen, H. V. 379). Fraischgerichtsbarkeit besass Rothenburg noch in Wildentierbach und zu Archshofen. An ersterem Orte hatte die Reichsstadt das bestrittene Recht auf Grund eines Vertrages mit Ansbach 1525 für sich allein erworben (Bensen, H. V. 481), in Archshofen musste sie darin mit Ansbach kondominieren (Schönhuth, Cregl. 105).

Ausnahmsweise sind auch Dorfgerichte im Besitze des Blutbannes. Das Vogteigericht des Klosters Schönthal zu Simmeringen darf u. a. über Uebelthäter richten (O. A. B. 738), und das Weist. von Kreuzwertheim gibt dem Dorfgericht daselbst den Kompetenzumfang der Zent: „item was rugbar artikel seind, die uf der zent gerugt werden, als lantgerichts recht ist, die selben artikel sol man hie auch rügen an den gesworn montagen."

Die Städte, Märkte und vielfach auch die Dörfer haben ihre eigenen Gerichte „in häblichen vnd personlichen spruchen in fellen die fur vnd an das landzent- oder halsgericht nit gehören". (Würzburg: Fries-Rockinger 224.) Im einzelnen gehören vor die Ortsgerichte hier und dort die gleich folgenden Fälle. Freilich lassen sich für keines derselben Beweisé liefern, dass alle Gegenstände ihm zugewiesen waren, wie anderseits das Hereinragen vogteilicher Strafgewalt gleichfalls allerorten ein verschiedenes Bild abgibt.

1. **Körperverletzung**, soweit ohne dauernde Folgen. D. O. von Schweigern p. 42: „so einer einen fliessende wundenn hieb oder stach, sell er der herrschaft Unndt dem gericht verfallenn Unnd — — Verpussenn mit Zwey Vnnd zwanzig pfundenn." D. O. von Edelfingen: „von einer fliessenden Wunden so keine Gefahr auf sich trägt, nachdem sie an einem Glied ist, als am Kopf, Angesicht höher zu achten, denn an einem andern Gliedmas, da sie Allein kein Lähme mit sich bringet nach Gelegenheit der person ob er dazu verursachet oder nicht 3 fl., darüber oder darunter nach des Gerichts Ermäsigung." — Dettwang (Baum. 132): „so ainer ain plutrustig schleht, so ist er verfallen 5 ñ, ob aber sach were, so stund derselbig nach erkanntnuß ains erbern rats." — Edelfingen (a. a. O.): „Raufen, Stechen, Trunkenn Streiche, Braunen, Blauen" (letzteres ohne Waffen; Buße 1—2 fl., mehr, wenn vor Rat und Gericht geschehen). — Designation von Igersheim: „Raufen, Stoßen, Schlagen, Werfen."

2. **Land- und Hausfriedensbruch**: D. O. von Schweigern p. 42: „so einer ein Überlaufft mit gewapneter hand sol er verfallenn sein der herrschafft dritthalb pfundt." — Weist. von Stetten II, 3: „slecht mit gwappeter Hand." — D. O. von Edelfingen: „Item welcher einen freventlich muthwilliger Weis aus seinem Haus thut fordern u. begehren sich mit ihm zu schlagen, rauffen u. dgl. 5 fl." — A. a. O.: „welcher ein Zetter u. Mordgeschrei anrichtet."

3. Realinjurien: D. O. von Pfitzingen Art. 13: „schlegt vor einer gemeindt." — D. O. von Edelfingen: „Wurf mit einer Kandte, Stein, Brügel u. dgl." Unterschieden wird die Verletzung von Kopf und Gesicht gegenüber der anderer Körperteile. Strafe (3 fl) auch bei Nichttreffen. — D. O. von Schweigern p. 42: Raufen und mit Fäusten schlagen: Buße 40 hlr.

4. Beleidigung. D. O. von Schweigern p. 44: „ob einer dem anderenn es sey mann oder frawen zv redt, Das ihm sein ehr betreff." — D. O. von Edelfingen: „welcher eine Erliche, unverleumbtete Manns- oder Weibsperson ohnverdienter u. unverschuldeter weis schändet, schmähet ein Dieb, Schelm, Bösewicht, Huren u. dgl. schilt u. an seinen Ehren antastet, welches er doch nicht wahr machen u. beweisen kann, noch auch an ihm selbst offen u. ruchbar ist, soll ein Buß geben 3 fl." — D. O. von Schön, Art. 35: „Wann ein Gemeinßmann den andern oder Zwey u. mehr ein ander Schänden soll jeder 1 Viertel Wein geben. geschieht es aber Bey Versamlung Der gemeindt ist die Rug doppelt." In diesem Fall unterliegen die Betreffenden auch der amtlichen Strafgewalt. — Designation von Igersheim: „Schelten, Schänden, Schmähen."

Lügen: Edelfingen, D. O.: Eine Lüge wird mit 4 fl. gebüßt. „So sie aber vor einem Gericht oder sonsten in Verhandlungen auf dem Rathhause, Hochzeiten (Festen) u. andern Erlichen Gesellschaften geschieht mit 8 fl."

Lügenstrafen: D. O. Schweigern p. 42: „ob einer einen lugenn strafft etc. Ist er dem Schultessen verfallen fierzig heller." — Dettwang (Baumann 132): „Des gemelten gerichtz ist die rug, so ainer ain haist freventlich liegen funfzehen pfennig." — D. O. von Wenkheim Art. 9: Keiner soll den Anderen einen Lügner nennen. — D. O. von Pfitzingen Art. 15: „Vor der Gemein lügen strafft." — Hilkartshausen: „Lügen strafen vor Gericht."

5. Gotteslästerung. (Designation von Igersheim).

6. Betrug in Maß und Gewicht. Weist, von Hartheim: „auch hat vnser herre obgenannt vnrecht gewicht, vnrecht maß, vnrecht fleisch, vnrecht elen zu büßen." — D. O. von Pfitzingen: „Unrecht Maaß." — Simmringen (Notariatsinstrument 1442, O. A. B. 738): Maß- und Gewichts-Bestimmung.

7. Grenzstreit und Marksteinverrückung. Simmringen (a. a. O.): Streit wegen der Felder und Hofraiten; wer Steine versetzt, muss dem Abt 10 fl und ebensoviel jedem Untergänger

zahlen. — D. O. von Wenkheim, Art. 10: Niemand darf einen (Grenz-) Stein ausreissen.

8. **Entziehung von Gemeindeeigentum.** D. O. von Hilkartshausen: Entziehung im „Ackern, Zäunen u. Mähen". So viel Schuh, so viel mal 15 ₰ sind Buße.

9. **Andere gemeindliche Streitsachen.** Viehtrieb: Dettwang (Baumann 132): „so ain vieh ainem schaden tut, das man mag erkennen, das schadpar ist, so ist die rug achthalben pfennig." Wässerung, Hirtenlohn. (Bensen H. U. 379.)

10. **Lehensverschuldung.** Nichtanbau von Gütern: Wt. v. Stetten I und von Waltenhausen § 5. — Wenkheim Art. 8: Niemand soll am Zehnten rütteln.

11. **Schuldklagen.** Hie und da in den Kompetenzbereich des Dorfgerichts einbezogen. (Bensen H. U. 379.) Dorf-O. v. Hilkartshausen: „Bey Schuldklagen wird der Termin der Bezahlung auf 14 Tage, oder 3 mal 14 Tage und 3 Tage angesetzt." Vgl. Bischofsheim. wo „Kleine Hendel, Schulden u. was sich tgl. zutragt" bis 1527 vor das Gericht des Bürgermeisters gehörten. (Neue St. O. von Bischofsheim § 29. Berberich 108.)

Ein Strafmaximum des Dorfgerichts war nach einer gewissen Höhe der Bußengelder normirt. Im Rothenburgischen galt als solches zumeist die Höhe von 72 Pfennig (Bensen H. U. 379), in Hilkartshausen waren 32 ₰ (Dorf-O.), in Simmringen 10 ₰ die höchste Buße (O. A. B. 738). In Edelfingen war die Grenze zwischen Dorf- und herrschaftlichem Gericht so gezogen, dass „Sachen deren Klag und Forderungen auf die Hundert Gulden oder darunter sich erstreckten" dem ersteren zugewiesen waren.

Erkannte das Dorf einen Fall als seine Kompetenz überschreitend, so hat dasselbe solchen dem höheren Gericht zu überweisen, in Rothenburg an den Rat (Dorfordnung v. Hilkartshausen, Dettwang — bei Baumann 132 — : „ob es aber sach were, das der schad gros were, so stund derselbig nach erkanntnuß ains erbern rats, und dieselbig rug gefellt den steweren haim gemainer statt.") In Schön ist die Sache dann dem ansbachischen Amtmann zu übergeben. (Art. 35:) „Bei der doppelten Rug" „so Wohl alß bey allen übrigen Zur Herrschafftlichen Strafung sich Qualifizirenden übertretungen u. Vergehungen solle Hochfürstliche Gnädiger Herschafft Vorbehalten sein." In Edelfingen sind schwerere Körperverletzungen dem herrschaftlichen Gericht zu überweisen. (Dorf-O.)

Vergehen, deren Zeuge oder Mitwissender man geworden, mussten zur Anzeige gebracht werden. Versäumnis war strafbar. Vgl. Dorf-O. von Schön Art. 37: „Wenn Jemand siehet oder Weiß Daß einer seinen nachbar auf Diebische Weisse es sey in Wäldern oder Feldern schaden Zu füget, so solle er Es dem Schultheißen anzeichen, so er Es aber nicht thut, und Wird erwießen daß er es gesehen hat, so soll er Der Gemeinde 30 × Buß Schuldig sein."

Kommt es noch zu einem Vergleich, ehe das Urteil rechtskräftig wird, so kommt auch die auszusprechende Buße in Wegfall: Weist. v. Dieffenthal: „Item were es sache, daß einer dem andern heuderling gebe oder lugen strafft, vnd daß solches bey dem wein vnter dem obdach gericht würde, die wären kein Busse verfallen." Statt des ordentlichen Dorfgerichts sucht man auch frühe das Schiedsgericht des Schultheißen als eine einfachere und schnellere Entscheidung (Wt. v. Kreuzwertheim 1449).

Ueber das Appellationsrecht finden sich unterschiedliche Bestimmungen. Im Stift Würzburg konnte man vom Dorfgericht aus die Berufung an den nächsten Amtmann ergreifen. Betrug der Wert der Forderung oder Klage 10 fl. und darunter, so wurde sie von diesem definitiv entschieden, wenn höher, so war weitere Instanz das Landgericht oder die Würzburgische Kanzlei (Fries b. Rockinger 224). In Edelfingen war das Recht zu appellieren erst bei einem Streitwert von 20 fl. incl. zugestanden. Im Rothenburgischen appellierte man von der Gemeinde an den Rat. (Dorf-O. v. Finsterlohr, Dettwang, Hilkartshausen.)

Vor das gutsherrliche Gericht endlich gehörten:

Vergehen des bäuerlichen Lehensmanns gegen den Lehensherrn: Wt. v. Stetten II, § 5 und 6 (Lehensverschlechterung, Säumigkeit in Zinsenzahlung) — Stetten I (Holzfrevel) — Wtr. v. Hartheim und Stetten (gutsherrl. Befehle unbefolgt gelassen).

Schlägerei: Wt. v. Hartheim § 2 und 4: „das sich lute schlugen."

Zweiung, Auflauf: „geschege dar üf eine zweiung oder üflauft" (Wt. v. Sonderriet § 2).

Schwerere Körperverletzung: D. O. v. Edelfingen: „die Fleisch — Kämpfer- Beinschrödige u. dergleichen — Wunden u. andere Malefizische Handlungen ebenmäßig die Buß u. Frevel wie die obenbenandt, da deren eine oder mehr über 5 fl. zu strafen vom

Gericht betucht oder ermessen, sollen durchaus uns der Obrigkeit hingewiesen werden."

Schwerer Landfriedensbruch „nach Gelegenheit der person u. was für Waffen bei jhme gefunden etc." (a. a. O.).

Bensen (H. U. 375) führt noch folgende Fälle an, die im Rothenburgischen da u. dort vor dies Gericht kamen:

Haarausraufen, Maulschellen, Ungefährliche Schläge, Schmähungen gegen nicht befreite Personen, Nächtliches Geschrei, Messerzücken, Kupplerei, Leichtfertigkeit, Geringer Diebstahl, Verkauf verbotener Ware.

Dazu kam die freiwillige Gerichtsbarkeit durch Amtmann oder Schultheißen (Verträge, Auflassung, Testament, Vormundschaft).

Vierter Teil.

Wirtschaftliche und soziale Faktoren.

Es liegt in der Natur der Sache, wenn in vorstehenden Kapiteln wesentlich die rechtliche Gestaltung der bäuerlichen Verhältnisse sich darstellte. Doch würde userm Bilde manche Farbe fehlen, wenn es unversucht bliebe, wenigstens in kurzen Zügen zu schildern, was Grund und Boden, was wirtschaftliche Verhältnisse, was endlich die Zeit- und Streitfragen des 15. und 16. Jahrhunderts aus den Bauern machten.

Wie noch heute, ist der Landstrich an der Tauber von jeher einer der fruchtbarsten gewesen. Die schönen Wälder lieferten reichlich Holz, Fische die vielen Gewässer, insbesondere die Tauber selbst, die Viehzucht war vortrefflich, und Getreide gab es alljährlich soviel, dass von dem Ueberfluss bei Teuerungen auch die Nachbargegenden noch versorgt werden konnten. (Vgl. Bensen, Kurze Beschreibung etc., S. 63.) Ein früheres Zeugnis für viele, die sich aufbringen liessen, sei die Stelle aus Martin Zeiller's Reißbuch durch Hoch- und Niederteutschland (p. 646): „der Boden ist von Gottes Gnaden ganz fruchtbar, der Wein, Getreid, Obst u. dgl. gibt, daß man selten der Stadt (Rothenburg) Getreid zuführen dörfen, sondern sie noch andern hat mitteilen können, wie sie denn auch der Nürnberger Kornboden genannt wird." Gerade das Jahr der Bauernerhebung war ein ganz besonders gesegnetes. Zweifel sagt (Baumann 154): „als es auch gleychwol, so lang diser pewrisch krieg weret, von anfang biß an das end ain schöne, warme, truckene zeyt u. darzu ain ganz fruchtpar jar was." Dagegen war freilich erst 1521 ein Teuerungsjahr an der oberen Tauber gewesen. (W. F. 6, 1, 124), vorher, 1515, hatte ein schweres Gewitter, namentlich in der Gegend von Weikersheim, viel Schaden angerichtet, 1517, hatte dort Hagel die Ernte vernichtet (W. F. 8, 2, 563). Von jenem die Landwirtschaft so niederdrückenden Jahr an bis 1524 scheint eine Zeit der Not eingetreten zu sein; von 1525 an macht sich dann ein auffälliges Sinken der Preise bemerkbar, 1524 z. B. kostet der Eimer Wein (Eimer = 64 Maß) im Durchschnitt noch 21 fl., 1525 nur mehr 14 fl., ein Preis, der 1526 bleibt, 1527 wenig steigt, 1528 und 29 fällt, 1530 sehr hoch steigt, um 1531 gleich wieder die ganz geringe Zahl von 9 fl. aufzuweisen. Man ersieht dieses Schwanken in den Lebensmittelpreisen jener Jahre. (Eine Zusammenstellung derselben s. W. F. 6, 122 u. 8, 563.) — Die Pflege der Landwirtschaft wurde von Fürsten und Städten nicht versäumt. Junge Weinberge waren z. B. auf 7 Jahre frei von Zehnten und Gülten. Aber schon zu Beginn des 16. Jahrhunderts erkannte man das Risiko des Weinbaues; mancher Wingert wurde brach gelegt oder zu Ackerland gemacht (W. F. 6, 122). Es fehlt leider zu sehr an Zeugnissen, die im Einzelnen die Besitzverhältnisse klarlegten. O. A. B. 686 wird eine „Renovationsurkunde" von Queckbronn aus der ersten Hälfte des 16. Jahrhunderts mitgeteilt, die leider dadurch kaum Wert besitzt, dass der Gesamtbesitz nach Art der Bodenbenutzung. nicht aber nach den Eigentumsverhältnissen veranschaulicht wird. Auf die Frage, wie die bäuerliche Erbfolge um 1525 sich regelte, vermag ich keine bestimmte Antwort zu geben. Bensen (Kurze Beschreibung etc. 1856, S. 62) sagt vom Rothenburger Land: „Die ehemals übergrossen Bauernhöfe waren allerdings in Viertel, ja in Achtel zertrennt worden, blieben aber immer noch ansehnlich genug, um eine Familie hinreichend zu ernähren." Ziehen wir die heutigen Verhältnisse zu Rat, wie wir das ja mit einiger Vorsicht bei dem zähen Festhalten des Bauern an den überkommenen Verhältnissen wohl thun dürfen, so finden wir, dass an der Tauber die beiden Systeme des Majorats wie der Aufteilung neben einander bestehen, indem in den heute bayerischen und württembergischen Gebietsteilen ersteres Geltung hat, im Badischen aber das Teilungsprinzip herrscht. Angeblich bestand hier früher gleichfalls das Majorat zu Recht. Ausnahmen scheint es noch heute zu geben, wie mir solches z. B. von Steinbach bei Külsheim mitgeteilt wurde. Die Nachteile der Zersplitterung durch die neue absolute Teilung liegen wohl vor Augen, doch macht man gegen das Majorat mit Recht geltend, dass· der Uebernehmende regelmäßig höchstens durch eine reiche Heirat in Stand gesetzt wird, ohne eigenen grossen wirtschaftlichen Schaden, die Miterben abzufinden, bei überkommenen Schulden den Hof vollends kaum halten kann. Beim Majorat findet wiederum das Seniorat zumeist Vorzug, aber auch das Minorat ist nicht eben selten (Vgl. auch O. A. B. 121).

Um die Wende des 15. und 16. Jahrhunderts begann das Reich, auch eine polizeiliche Thätigkeit zu entfalten. Unter Kaiser Maximilian I. ergingen die mannigfachsten Reichsgesetze polizeilichen Inhaltes, die sich gegen den Luxus der Kleidungen und Feste, namentlich der Hochzeiten, dann gegen die fahrenden Leute (Bettler, Musikanten, Zigeuner etc.), gegen Betrug im Handelsverkehr (Weinverfälschung etc.), Uebermaß beim Zutrinken etc. richteten. Aus den Artikeln 22 bis 43 des Reichstagsabschiedes von 1500 (Augsburg) heraus entwickelte sich eine Art von Reichspolizeiordnung, die in späteren Jahren denn auch selbständig mit Verbesserungen und Nachträgen erschien. Die Territorialherren folgten dem gegebenen Beispiel; bis in die kleinsten Verhältnisse hinein erstreckt sich der polizeiliche Eifer. In Weikersheim z. B. erging 1511 eine „Mühlordnung", weiterhin eine „Beckenordnung", beide noch erhalten (W. F. 6, 124). A. Kaufmann führt für Wertheim an (W. F. 7, 317): „Ordnung über den Kärrnerlohn," Braunes Buch Fol. 63 bis 65; eine gräfliche Verfügung wegen der „Weisungen" oder Patengeschenke vom Jahre 1524; des Grafen Ordnung für die Fergen zwischen Wertheim und Kreuzwertheim von 1525. Braunes Buch Fol. 54 bis 59; Verfügungen gegen das Zechen und dessen „Mässigung" von 1525 und 1526; Beckenordnung von 1528. Braunes Buch Fol. 41 bis 45; Verfügung gegen sittliche Ausschweifungen 1529, a. a. O. Fol. 100 etc. Aehnliche Verzeichnisse liessen sich auch für Rothenburg u. s. w. liefern. Vgl. auch Oberrh. St. R., insbesondere I, 1, 44.

Die Luxusgesetze scheinen, was unsere bäuerliche Bevölkerung damals anlangte, nicht ganz unbegründet gewesen zu sein. Als 1476 von allen Orten des Tauberlandes Scharen zur Predigt des Pfeifers von Niklashausen nach diesem Orte zusammenströmten, sollen dem Chronisten Stolle (de arte impressoria) zufolge von den 70 000 dort versammelten Bauern „die meisten Wachskerzen zum Opfer mitgebracht haben, die manchmal so gross waren, dass drei bis vier Männer kaum eine derselben tragen konnten" (Berberich 78), und wie der Haller Chronist Joh. Herold sagt, eiferte der Pfeifer auch „wider spitzige Schuh, ausgeschnittene Goller und lange Haare" der Bauern (Riehl). Namentlich auf Hochzeiten und Kirchweihen ging es immer hoch her. „3 Ding sind dem Volk lieb in Württemberg: 1. Grosse Hochzeiten. 2. Kirchweihen. 3. Hochzeitliche Täntz." (Tria Württembergica W. F. 1856, 369 ff.) Man suchte von oben dem übergrossen Aufwand möglichst zu steuern. Die Grafen von Wertheim verfügten (cc. 1520) folgendes (Oberrh. St. R. I, 1, 44): „Unser unterthanen sollen auch hinfur den unnuzen costen der hochzeiten vermeiden, also wer ein hochzeit haben will, der mag drei tisch oder weniger seiner gesibten freundt zum morgenessen speisen, aber zum kirchgang soll u. mag er vil personen bitten." Man darf eben nicht vergessen, dass, wie noch heute, auch damals Hochzeit und Kirchweih geradezu die einzigen bäuerlichen Feste waren, und von der letzteren gilt der alte Satz: „Es is nor amol im Johr Kärwe." Diese aber wollte auch der Aermste von je nach „sauren Wochen" nach besten Kräften feiern, und eine Hochzeitsmahlzeit von beiläufig 3 Stunden erschien und erscheint an der Tauber nur angemessen.

Es erübrigt uns u. a. auch, einigermaßen auf das Münzwesen der Reformationszeit in unseren Landen einzugehen. Man rechnete mit Gulden („guldin"), auf den 3 Ort gingen. (D. O. v. Edelfingen und Hachtel 1501—1601.) Im Mainzischen galt der Goldgulden 21 thuroni oder thurnes (Berberich 75). Daneben waren in Silber ausgeprägt Pfennige à 2 Heller. Die letzteren gingen nach dem Gewicht, kleinere Summen wurden nach so und so viel „pfund heller" berechnet. (Dorfordnungen und sonstige Urkunden der Zeit.)

Das siegreiche Vordringen der Geldwirtschaft auch auf dem Lande verschuldete hauptsächlich die Verteuerung der Lebensmittel, der nicht durch entsprechende Vermehrung der Ehehaltenlöhne ein Gleichgewicht gegeben wurde. Eine Hauptkalamität aber, die den Bauern am empfindlichsten treffen musste, war das Fehdeunwesen, das auch der „ewige Landfriede" nicht hat aus der Welt schaffen können. Fehden und Jagen kannten keine Schonung des bäuerlichen Eigentums; die Saat, die mühevolle Arbeit der Hände, wurde niedergetreten, Haus und Vorräte gingen in Flammen, auf und nicht einmal Leib und Leben fanden Schonung. Wir haben keinen Grund, einer Schilderung zu misstrauen, welche die würzburgischen Bauern von der Unsicherheit damaligen Verkehrs entwerfen (Fries I, 294): „es ist kunt, offenbar u. unverborgen, wie bishere die gewerbere, kauffleut u. die, so die strassen gebauet, auch der gemain man vilfeltiglich merklich beschedigt, heud

u. fues abgehauen, oren abgeschnitten, erstochen, gefangen, gekerkert, gestöckt u. geblockt wurden." Der Wucher lastete schwer auf der bäuerlichen Wirtschaft zur Reformationszeit. Die Höhen der Zinsen, die sich Wucherer bei Aufnahme von Kapitalien ausbedungen, ging zuweilen über 40 Prozent, häufig wenigstens über 30 Prozent. (Vogt, Vorgeschichte des Bauernkriegs. Halle 1887, S. 25.) Es handelt sich übrigens dabei durchaus nicht immer um Juden. Beweise zeugen dafür, dass es Christen verstanden, sich über das kanonische Zinsverbot weit hinwegzusetzen, oder doch es zu umgehen. Interessant ist in dieser Beziehung Art. 11 der Wertheimer St. O. (1509 — 28 — Oberrh. St. R. I. 1, 47): „Wir werden auch bericht, dass unser burger u. unterthanen umb frembde juden gelt zu wucher nemen oder inen die pfande durch frembde personen zu schicken. Darumb thun wir allen wucher bei juden und christen zu nemen u. zu geben bei leib u. gutt verbietten." Anfangs des 16. Jahrhunderts werden verschiedene Deutschordensunterthanen von Juden vor das kaiserliche Hofgericht in Rottweil gefordert und in die Acht gebracht, sie liessen sich dann „auf des Hofrichters ernstlichen Befehl in ihre Güter, liegend und fahrend, Lehen und Eigen einsetzen". Der „Judenschutz" über „des hl. römischen Reichs Kammerknechte" lag als wertvolles Regal in Händen der Territorialherren. (Vgl. u. a. Grimms Weist. VI, 19, S. 3.) Den Wertheimer Grafen war dies Recht in einem Briefe Sigismunds vom Jahre 1417 zugestanden worden. (Aschbach: zu Wertheim u. Külsheim.) Die Rotenburger Juden waren von Karl IV. an den Bischof von Würzburg verpfändet worden. (Bensen, K. Beschr., S. 16.) Der Deutschorden in Person des Deutschmeisters Andreas v. Grumbach erhielt das Judenregal von Maximilian 1495. (W. F. 8, 64.) Fries teilt mit: „Anno 1522 hat Kaiser Carl der funfft das guldein opfer von den juden im stifft Wirtzburg einuordern lassen durch Jobsten Marckarten von Hailprun, dem dann bischof Conrat von Thungen ain paßbrief geben hat, seinen beuelhe unuerhindert auszurichten, am dienstag nach Reminiscere anno quo supra rubricata in diuersarum Laurentij fol. 136." — Die Freizügigkeit der Juden war übrigens sehr beschränkt. Die Grafen von Hohenlohe verhindern 1475 vertragsmäßig eine weitere Aufnahme von Juden in Weikersheim (W. F. 6, 167). 1519 werden die Rothenburger Juden zum letztenmale, und zwar gemäß Ratsbeschluss, vertrieben (Bensen, K. Beschr. 16

u. 560), in Mergentheim gab es 1516 nur mehr einen einzigen Juden (W. F. 8, 65). Es war nicht zum wenigsten religiöser Aberglaube und Fanatismus, der sich so gegen die Juden erhob, da und dort sich zu Verfolgungen derselben steigerte. Namentlich das Eine war die ländliche Ueberzeugung, dass die Juden durch Vergiftung der Brunnen die Pest heraufbeschworen hätten. Diese hat im Jahre 1514 auch unsere Gegend schwer heimgesucht. In Schillingstadt starb das Dorf bis auf 7 Einwohner aus, und diese hatten kein Vieh mehr im Stall, um ihrer Feldarbeit nachzukommen. (Berberich 382.) In Schwabhausen sollen nur 3 Bürger die Pest überstanden haben (a. a. O. 384). Hielt man die Not der schweren Seuche allein mit den obenberührten Missjahren bis 1524 incl. zusammen, so begreift man einigermaßen die ohnmächtige Wut des Bauern, der von den elementaren Schlägen der schweren Zeit niedergeworfen, sobald er nur halbwegs wieder auf festen Füssen stand, sich gegen diejenigen wendete, von denen allein Hilfe kommen konnte und nicht kam.

Seit langen Jahren stand ja dieser Kampf in Aussicht. Man hat auf beiden Seiten ihn längst vor Augen gehabt und damit gerechnet; erinnert sei nur an Satzungen der Dorfordnungen, die sich gegen Aufruhrgedanken in den Gemeindeversammlungen richten.

Die religiös-sozialen Ideen, die in bäuerlichen Gehirnen die wunderlichsten Phantasien erzeugten, die die seltsam anmutende Figur des Paukenschlägers Henselin von Niklashausen schufen, sie hätten die Bewegung ja allein kaum hervorgerufen, aber sie waren es doch, die dem Ganzen Gehalt, System und höheren Schwung, die Kraft der Ueberzeugung, einer guten Sache zu dienen, verliehen.

Die Propaganda, welche die an zündenden religiösen wie insbesondere sozialen Gedanken reiche hussitische Bewegung in Deutschland machte, hat gerade in unserer Gegend empfänglichen, fruchtbaren Boden gefunden. Ein geborener Schwabe, Friedrich Reiser, aus den Kreisen der Sekte der Winkeler, der deutschen Waldenser, dann Wanderlehrer überall auf deutschem Boden, schliesslich in Böhmen eigene schwärmerische Gedanken mit organisatorischen Ideen des Taboritentums verbindend, sandte 1476 die sogenannte „Reformation des Kaisers Sigismund"[*]) in die Welt, die zweifellos auch in manche Bauernhütte von Rothenburg bis

---

[*]) Reiser's Autorschaft ist allerdings nicht unumstritten.

Wertheim ihren Weg gefunden. Die Schrift hat eine Menge von Auflagen erlebt; alles, was der Bauer längst sich selbst heimlich sagte mit der geballten Faust in der Tasche, das hatte hier offenen redegewandten, sachkundigen und zugleich gemeinverständlichen Ausdruck gewonnen. Alle die sozialen Fragen der Zeit fanden sich behandelt, was weltlichen und geistlichen Stand, Hoch und Niedrig betraf. Den Schäden werden aber auch Heilmittel gegenübergestellt, und der Name des Kaisers Sigismund, anknüpfend an die alte Tradition vom Erscheinen des friedebringenden Kaisers, gab dem Ganzen jene mysteriöse Weihe, der einmal die Zeit nicht entraten konnte. Reiser endete schon 1457 in Strassburg, aber noch im ersten Viertel des 16. Jahrhunderts las man in seiner Schrift, dieser „Trompete des Bauernkriegs" (Vogt a. a. O.). Andere mehr oder minder volkstümliche Gestalten stellen sich zur Seite, wie Friedrich Müller. Dieser predigte ausser in Neustadt a. A. und zu Windsheim mit überzeugendem Eifer auch in Rothenburg und im ansbachischen Gebiete. 1447 widerrief er in Würzburg. Am besten verstand es nun aber ein Mann aus den untersten Schichten des Volkes, diesem von und zu Herzen zu reden. Es war der Paukenschläger und Pfeifer Johann oder Henselin Beheim (Böhm) im Dorfe Niklashausen a. T. Er war Hirte und Musikant nebeneinander gewesen, glaubte, Visionen auf dem Felde gehabt zu haben, und trat mit einem Male mit der Kunde öffentlich auf, die heilige Jungfrau habe ihm offenbart, der göttliche Zorn komme bald über die Menschheit, die Geistlichkeit voran. Dem Bauern wusste er es gut vorzustellen, wie unrecht ihm geschehe, wenn der Herr ihm die Fische im Wasser, das Wild auf dem Felde entziehe, das doch alles gemein sei, legte ihm seine drückenden Lasten dar und auf der anderen Seite das Wohlleben der Geistlichkeit. Es waren die Worte Reisers im Munde des gemeinen Mannes: Der Nürnberger Chronist Kreuzer meint: „Ich halt davor, er habe es von der Hussen Jünger einem empfangen und gelernet!" (W. F. 9, 3.) Auch dieses Paukers wartete der Scheiterhaufen, aber die Gedanken des Volksredners blieben lebendig. Man verglich Worte und Thatsachen, verglich sie mit dem eigenen Leben Tag um Tag; die neuen religiösen Anschauungen der Reformation lieferten einen höchst willkommenen Gehalt, und die Bibelmäßigkeit der nun geoffenbarten Herzenswünsche der Bauern gab ihnen in der Folge die volle Sicherheit ihres bewaffneten Auftretens.

Wesentliche Momente waren sicher auch das Vorbild der freien Schweizer, die sich nach manchen heissen, allüberall in Deutschland legendenhaft verklärten Kämpfen ihre Freiheit erstritten, und die derben Ansichten des in die Heimat zurückgekehrten Landsknechtes, in dem sich nach dem ungebundenen Kriegs- und Lagerleben, nach dem „Reislaufen", alles gegen die nicht mehr gewohnten kleinen Herrschaftsgewalten auflehnte. In den kleinen Verhältnissen konnten und wollten diese Leute sich nicht mehr zurechtfinden, das ländliche Proletariat vermehrte sich durch ihre Reihen.

Am Schlusse einer Abhandlung über die bäuerlichen Verhältnisse zur Reformationszeit erwartet man natürlich ein Urteil, ob man die damalige Lage der Bauern als eine unhaltbare oder für eine erträgliche zu erklären habe. Ich zögere fast, mich absolut für die eine oder andere Anschauung zu erklären. Es ist gewagt, mit einer bestimmten kurzen Antwort über diesen oder jenen Teil geradezu ein Schuldig auszusprechen. Der Abgaben war es allerdings eine schwere Menge, dass sie in guten wie in schlechten Jahren gleichermaßen abverlangt wurden, bedeutete eine doppelt schwere materielle Schädigung, aber wir haben uns bei alledem schwer zu hüten, von gegenwärtigen wirtschaftlichen Verhältnissen aus über die jener Zeit voreilig den Stab zu brechen. Der wirtschaftliche Mensch des 16. Jahrhunderts ist eben nicht der des ausgehenden 19. Jener konnte einer gewissen Gebundenheit, sozusagen einer Vormundschaft nicht entbehren. Ueberall, wo der Grundherr nur die allergeringste Einsicht besass, erkannte er doch auch das eigenste Interesse, die Abhängigkeit seiner Gutsunterthanen in das richtige Verhältnis zu bringen. Der Begüterte konnte seine persönlichen und sachlichen Verpflichtungen jederzeit ablösen, es stand dem gar nichts im Wege, und der Arme verbesserte jedenfalls seine Lage nicht, wenn er aus einem noch so hart empfundenen Verhältnis hätte heraustreten können; es wäre ihm nur herzlich schwer geworden, eine neue Existenz zu begründen. Der Leibeigene selbst repräsentierte doch einen ziemlichen Wert für den Herrn, sein Wohl und Wehe konnte also nur einem schlechten Wirtschafter gleichgiltig sein. Manchen Schwierigkeiten in der bäuerlichen Lage, wie den Schäden der Fehde, vermochte auch ein wohlmeinender Grundherr für sich allein wenig oder gar nicht zu steuern. Vieles lag in der ganzen rechtlichen Verworrenheit der Zeit, die der Einzelne für seinen kleinen Bezirk natürlich noch weit weniger zu entwirren vermochte als die Gewaltigen im Reiche. Es handelte sich auch um wirtschaftliche Fragen, die nicht von einem Tag auf den andern sich lösten, die einer viel späteren Zeit noch zu raten geben sollten. Die Forderungen der Bauern in Bausch und Bogen anzunehmen, vor allem Freiheit von Abgaben und Diensten ihnen zu gewähren, hiess die wirklichen wirtschaftlichen Kräfte des Territoriums geradezu vernichten und damit dieses selbst finanziell stark gefährden, denn an der Leistungsfähigkeit des Grossgrundbesitzes war ja alles gelegen. Solche Erwägungen seitens des Rothenburger Regiments werden z. B. in Th. Zweifel's Geschichte (Baumann 357) wiedergegeben, dort heisst es ganz klar und einleuchtend: „... dann der merer tail hie mit handwerk könnten, sonder sich irer guter, gulten u. nutzungen uff dem land nerten u. behulfen, von denen gemaine statt ir maiste stewr hette, die wurde ir abgeen u. wa dieser artickel bleyben sollt, möchte gemainer statt regiment mit ain virtail jars besteen, sondern uß vergeen und zertrennt werden.

Nach dem Bauernkrieg haben sich die bäuerlichen Verhältnisse mannigfach verschoben. Im einzelnen ja nicht immer ad malam partem. Die Bauern in der Rothenburger Landwehr werden aufs neue auf Erfüllung ihrer bisherigen Obliegenheiten verpflichtet, doch wird ihnen ausdrücklich ein Recht der ev. Beschwerde gelassen. (Baumann 553.) Schlecht ging es insbesondere den kleinen Städten an der Tauber, die ja freilich auch eigentlich mit die Seele der Bewegung gewesen waren. Ein Blick auf jede Seite in Thomas Zweifel's Geschichte zeigt klar, wie eine städtische demokratische Erhebung die bäuerliche zu einer bloß sekundären herabdrückte. Diese Städte an der Tauber ausser Rothenburg, der Reichsstadt, waren von Anfang an kaum etwas anderes als grössere Dörfer mit gewissen Privilegien. Diese Unterschiede fielen nun durch fürstlichen Machtspruch in sich zusammen. Später freilich ergab sich doch ein Gewinn: die Leibeigenschaft wird aufgehoben: in Mergentheim z. B. 1537, in Lauda 1546, Markelsheim 1558; aber jetzt wurden allgemein Entschädigungssteuern in Stadt und Land ausgeschrieben, die Ersatz für die zerstörten Burgen und die geplünderten Klöster liefern konnten. 8 halbe Gulden waren nach bischöflichem Befehl auf jedem Hof binnen 3 Jahren zu zahlen. (Wieland, Rött. 38.) Die Dorfschaften, die im Laufe des Bauernkriegs in äusserste Not geraten waren, sahen sich kaum imstande, auch diesen neuen Auflagen noch nachzukommen. Von 4500 Haussassen des Röttinger Amts vermochten nur 294 die erste Rate von 2½ fl. zum ersten Ziel (Peterstag 1526) zu erlegen. (Wieland a. a. O.) Im Deutschordensland wurde diese Steuer nach dem bisherigen Verhalten des einzelnen Ortes tarifirt: „In Unterbalbach soll jede Herdstatt 3 fl. zahlen, nur 2 Bürger sollen frei seyn, die Hülfe angerufen, in Wachbach u. Hachtel, die sich besonders übel gehalten, zahlt jede Herdstatt 6 fl. — Roth, welches sich gleichfalls vor Andern übel gehalten, zahlt 100 fl., wovon Einen allein, Namens Andr. Weiß, 46 fl. treffen, weil er sich vor Anderen hervorgethan; in Löffelstelzen zahlt jedes Haus 2 fl., dagegen müssen die von Ottelfingen überhaupt 150 fl. erlegen. Die von Ailringen gehen leer aus, da sie um Rat u. Hilfe angesucht haben, und sich gern als gehorsame Unterthanen bewiesen hätten." (Schönhuth, Mergentheim 60.)

Wir sehen, M. Fries hat recht mit seiner ernsten Betrachtung, die er in seiner gefälligen und dabei vor allem auch maßvollen Darstellung des Bauernkriegs in Ostfranken anschliesst (I, 388):

„O du unbestendigs, verfluchtes gluck, machst du nichts anders aus inen (den Bauern), dann sclaven und knechte, nymbst nit allain ire beschwerden nit von inen, sondern wa die vor gering, leicht und einfach gewest, die machst du ytzund zwifach, triffach, ja zehentfach schwere u. unertreglich!"